別再——
用我對你的愛、
傷害我。

啟動 Mr.Right 雷達，

兩性博士帶你好好談一場戀愛

瑪倪．費爾曼 博士 Marni Feuerman 著

游卉庭 譯

suncolor 三采文化

《別再用我對你的愛，傷害我》推薦

「清楚且專業地引導女性擺脫痛苦戀情，享受健康戀情的歡樂。如果你正與已婚男子或迴避承諾的男人交往，這本書正適合你！」

——「Happy Couple」應用程式的共同創辦者與《Going the Distance》共筆作者
朗妮．巴巴克博士

「與男人交往又想快樂戀愛的女人都該看。費爾曼博士以身為婚姻與家庭治療師的專業，提供非常有價值的見解，協助女人徹底擺脫不正常的戀愛模式。她打造了一本實際又富同理心的指南書，提供大量範例研究和更有效的策略，協助女人了解自己、治癒自己，打造出滿足、快樂的感情。」

——心理治療師、心理相關部落客兼《The CBT Workbook for Perfectionism》作者
莎朗．馬丁醫師

「就如書名一樣引人注意。任何曾經歷過對方無法付出承諾與感情的人，都能在本書中學習。瑪倪．費爾曼將告訴你如何釐清自己犯的錯，男人錯在哪裡，並提供取自認知行為治療、情緒取向治療和正念減壓的技巧，協助你在感情上做更好的準備。本書雖然目標是寫給異性戀愛的女性，但其他人也能從中獲得健康的愛情。」

——「生物心理學派伴侶諮商（PACT）」創始人
史丹．塔特金博士

「費爾曼博士深入探尋為什麼有些女人會愛上無法付出情感的男人，並提供可執行的作法來協助她們向前看，從此跳脫愛情陷阱，重拾美好的戀愛關係。任何在戀愛時感到被拒之在外、不值的人都該讀一讀。」

——《The Assertiveness Guide for Women》作者兼心理治療師
茱莉．阿澤維多．漢克斯博士

「如果你認為自己男人運很差，請不要再這樣想了！本書將會一一解釋你曾做的選擇，告訴你如何在未來的戀愛關係上獲得好運。」

——《從不貞關係中獲得療癒（Healing from Infidelity）》作者
米雪兒・韋拿戴維斯

「就如書名一樣引人注意。任何曾經歷過對方無法付出承諾與感情的人，都能在本書中學習。瑪倪・費爾曼將告訴你如何釐清自己犯的錯，男人錯在哪裡，並提供取自認知行為治療、情緒取向治療和正念減壓的技巧，協助你在感情上做更好的準備。本書雖然目標是寫給異性戀愛的女性，但其他人也能從中獲得健康的愛情。」

——「生物心理學派伴侶諮商（PACT）」創始人
史丹・塔特金 博士

「費爾曼博士深入探尋為什麼有些女人會愛上無法付出情感的男人，並提供可執行的作法來協助她們向前看，從此跳脫愛情陷阱，重拾美好的戀愛關係。任何在戀愛時感到被拒之在外、不值的人都該讀一讀。」

——《The Assertiveness Guide for Women》作者兼心理治療師
茱莉・阿澤維多・漢克斯 博士

「如果你認為自己男人運很差，請不要再這樣想了！本書將會一一解釋你曾做的選擇，告訴你如何在未來的戀愛關係上獲得好運。」

——《從不貞關係中獲得療癒（Healing from Infidelity）》作者
米雪兒・韋拿戴維斯

——謹以本書獻給我的丈夫麥克，

以及我們的女兒潔米和曼蒂——

CONTENTS

Chapter 03

成為小三或小王：死路一條

Chapter 04

或許就是你：讓自己陷入痛苦處境中

CONTENTS

Chapter 07

需要分手的時候：該如何說再見

Chapter 08
情感如何表達需求

Chapter 09
如何不吃回頭草：熬過分手的痛苦

Chapter 10
帶著明確的自信向前走

Chapter 11

健康的戀愛關係

Chapter 12 尋求專業幫助，振作自己

Chapter 13

最重要的人是自己

前言

愛上無法
付出感情的男人

我曾為YourTango.com、About.com（如今的DotDash.com）和《赫芬頓郵報（Huffington Post）》寫過無數篇關於愛情與感情的文章，但只有一篇探討如何遠離已婚男人的文章獲得了非常多讀者迴響，不到一年就超過十六萬人次的點閱率（社群媒體上轉發分享超過六百次），顯然這篇文章說中不少人的心聲。

本書是為了與無法付出感情的男人、可能是別人的丈夫或有感情牽扯的女人所寫。明確點來說，我以「無法付出感情」來指稱不想有親密感情交流且豎立高牆不讓他人親近的人。試圖與這類人交往，或早已陷入無法自拔的人，多少會有自己被排拒在外、不被愛、被忽視或是沒有人要的感受。有時候，這些人的行為會升級至心理層面或精神虐待，這樣的感情關係不僅非常惱人，通常也很短暫。

雖然是為了異性戀愛關係裡的女性所寫，但無法付出感情的另一半也可能會對男性或同性戀的當事人造成困擾。儘管性別差異確實存在，但心理影響都是相同的。因此，書中所有的建議雖然是針對女性所給，但也適用任何有相同處境的人。

本書的用意不在於羞辱你，而是想幫助你自我審視不喜歡的自己——即引發這些問題的部分。我們都有自我厭惡的地方！也將引導你清點自己的行為，找出誤導自己的癥結處。此外，也會指導你，如何往健康、正向的方向調整思考方式和行為。

感謝千禧世代和網路交友文化，兩性約會和戀愛用語出現許多新穎詞彙，現今用來描述體驗約會文化的各種詞語中，我就拿了兩個用在本書書名上。「人間蒸發（ghosted）」是指約會或交往對象突然失蹤，「只撩不愛（breadcrumbed）」就如英文原意上的麵包屑一樣，約會或交往對象只會掉麵包屑讓你心心念念，但毫無想和你維持真正關係的意圖。另一個詞彙「備胎（cushioned）」意思就是對方把你當成備用方案，他可能是徹徹底底的負心漢，或是以防無法收割獵物而同時交往許多對象。再來，「掩人耳目（stashed）」是指你被屏除在交往對象的生活圈外，顯然這個人還沒有準備好，或是不願意坦承你的存在。你從未見過他的朋友或家人，即便碰巧遇上任何一位，他也很少主動介紹你是誰，更別說你是女朋友了。關於戀愛經驗仍然有許多推陳出新的術語，可不管這些話術有多搞笑或有何言外之意，指涉的都是不好、羞恥、痛苦……根本令人笑不出來的戀愛經歷。

當約會對象突然不再有任何交流，毫無音訊就消失，你便會感到非常傷心且不受尊重。你花在這個人身上的時間越多，他突然失蹤造成的感受就越糟。有時候這發生在長期交往好一段時間，就可能讓人身心受創。不幸的是，這種人間蒸發的方式一直都在，約炮文化和網路交友應用程式，又加上匿名，使這些人可以毫髮無傷的做出更惡劣的行為，更嚴重的是使我們的社會開始對他人沒有同理心。

人間蒸發的手法遠比當面拒絕簡單。直白心意產生的尷尬對某些人來說非常不安，因此他們樂於避免這種方式。若一開始就是網路認識，就能侷限這種社交連結的感受，糟糕的社交行為似乎也就不會不合理了。這類約會行為似乎多少能有脫敏作用，也越來越常見。

對常有不好約會經驗的人來說，這種被拒絕的感受會造成嚴重的影響。這會讓人覺得困惑，不確定自己該如何回應或該怎麼做。我們的行為反應有一大部分來自於我們對特定場合、事件或線索的察知，當你不知道發生什麼事時又該如何反應呢？若你經歷過好幾次糟糕的約會體驗，你就會開始懷疑自己，懷疑自己的判斷力，審視自己的價值。

就算這些感受都不是正確的，你還是會漸漸往消極的方向走。

無法在約會或交往時有效交流的男人，造成他們這樣的行為其實有很多原因，這也是我會貫穿本書討論的主題。有些男人其實已經對其他人付出承諾，有些男人雖然沒有另一半，但他們會豎立高牆拒絕親密關係。我每天多少都會聽到哪些女人得忍受這樣的男人，期望他們能有所改變，這些女人依舊很痛苦，但仍然努力不懈想要「破解密碼」，擊碎那道高牆。

愛上無法付出情感的男人或已婚男人的女人，多半會花很多時間堅守感情，並希望、祈求對方能有所改變（或離開妻子）。若對方始終如一，她就會認為自己浪費了大好的青春年華。希望能生個孩子的夢想沒了，擁有白色柵欄的溫馨住宅的美夢也消失殆盡。若最後感情生變，她或許還會發現自己醜名在外。在此我提出來的不只是警告，也是最需要小心謹慎的部分：或許，儘早找到願意付出情感（且生理狀態也很好）的對象交往會比較好。

讀到這裡為止，若你覺得心有戚戚焉，那你可能需要知道為什麼自己一開始會步入這種境地。為什麼自己會做出如此錯誤的選擇？為什麼自己要堅持這麼久？為何你認為自己的「愛」能治癒這個男人呢？他真的能在你青春流逝前有所改變嗎？你需要找出真正問題和良策來繼續向前進，我將助你一臂之力。

提到婚姻和不貞，「情婦」這個詞彙已經行之多年。歷史上，男人經常會「偷藏」紅粉知己。這些女人通常會依賴富有的男人，維持特定的生活方式，好讓這些男人能隨時滿足性需求。這種文化在歐洲皇室和富裕家族裡很常見，不論是情婦或另一種稱謂「別的女人」都有不好的意涵，因此我會盡量使用「外遇對象」，因為這是最精準、比較莊重而且性別中立的語彙。

我也會用到「不貞」和「不忠」這兩個詞，皆是描述外遇或發生婚外性行為，意謂一個人背叛他（她）的配偶以及結婚時的誓言。我不會特別討論發生「不貞（性交、口交、網交、電交等等）」的原因，只會探討在一段三角關係中有一人——配偶因為第三方親密介入而遭受背叛。這些討論都會在書中有明確的說明和解釋。

難道男人就該為你們交往破局而負全責嗎？重要的是記住你無法掌控他的行為，你只能控制自己。儘管如此，好好探究這類男人也是重要的課題。對於那些無法付出情感的男人到底有什麼心理特徵？我會在第二章詳述這類你曾碰過的男人「類型」，將他們分門別類，不過同一個人也可能會同時落入不同類型中。這類型的範例通常是反社會者、自戀狂、花花公子、虐待狂、癮君子和投機分子。也會搭配他們特有的行為模式完整說明。

在這一部分，我會回答你曾經反問過自己的問題：到底什麼樣的人會做這些傷害別人的事？怎樣的人會說很愛你，但卻對你不好？為什麼你會和這樣的人在一起？怎樣的人會不斷的談多角戀關係？這些問題我會在第二章裡進一步討論。

第三章將特別討論外遇的已婚男人和其妻子之間的關係。他對你說的「她」都是真的嗎？若你有機會聽到她怎麼說他的可能會大吃一驚。在我辦公室內，我從未碰過有哪一對來找我諮商的夫妻對兩人的婚姻生活有相同的感受。他們彼此的觀點大相徑庭。不是說到底誰對誰錯，而是每個人對不同事件都有不同闡述。你在這段感情中，聽到的只是一邊的說詞，這說法你一聽再聽，而且還是他說的，儘管他說的不是真正的事實，但就如同字面上所說：是他說的啊。

所以，當你決定要如何處置這位無法付出感情的另一半，就是該往前走的時候了。要「離開愛人」有各種方式，這從許多歌曲就能知道。但是要遠離無法付出情感的男人或你愛上交往很久的已婚男子，最好的方法到底是什麼？是要「戒掉他」？自動消失？還是要慢慢疏遠他？或許你該開始與其他男人交往，期待自己能愛上真心付出的人。這些都是可行的選項，我們會討論哪一個最好。

第四章和第五章，比起責怪男人，我們將探究為什麼你經常碰上這類型男人。我們會討論到，常遇到無法付出情感的男人其實與家族史有關，這也可能是因為來自不同的生活經驗和早期的戀愛關係。依戀理論中提出了很多我們與主要照顧者（例如父母）的早期關係，會如何影響我們未來戀情經營的資訊。我們不只會在第五章詳細討論，更會探討你之所以需要了解自己的「線路」，方能「重新疏導」自己。

我們也會討論「愛情」。這是全世界最強烈的情感之一。屆時不論我如何理性的講給你聽，你仍舊會萬分痛苦的忽略或改變你對於現在交往對象的愛意。這也是我會幫你了解戀愛科學、神經生物學和依戀的原因。你一定也要知道，什麼是不健康的愛情或有毒的愛情，以及安全、安定的愛情是什麼。

在了解為什麼總會陷入不健康的戀情後，你可能會決定想擺脫現況、可能會堅定地想這麼做，或是你可能感到有點猶疑不決。這些都是典型的反應，或許你會發現，自己需要多讀幾次本書的前半部，甚至是尋求專業協助，才能確實了解自己為什麼得擺脫。在後續章節，將會討論你該如何解脫，以及如何向前看的方法。若你目前正處於多重戀愛關係，你將學到如何迅速辨識該段關係是否有進展可能，或是對方是否健全。若該關係或對方不健全，那你會知道該如何做好自我保留，以便與健全的對象交往。

本書我將採取堅定的立場，我不會拿「繼續留在有毒戀愛處境」來開玩笑，也不會探討任何如何繼續與這些無法付出情感對象交往的策略。本書是為了正在思考如何對感情斷捨離的人，或是已經決定要分手卻遭遇困難的人而存在的。同時，這也是為了那些正尋求真愛，卻持續陷入同樣交往模式的人所寫，對玩弄你真心的人留有期盼對你完全無益。你值得更好的對象，你值得擁有一位全心全意喜愛你且能獲得回應的對象。與其被人間蒸發或吊胃口，你可以找到一位值得信賴、專注、誠懇且勇於接受親密關係的對象。

任何一位在約會和戀愛上遭逢困境的女性，書中提到的範例和案例都是真人真事，但我改掉了當事人的姓名，有些無關輕重的細節也予以刪節。這些都是來自我諮商者的經驗、我收到的讀者信函、我曾交談過的朋友或認識的人，以及社群媒體和部落格日誌裡的故事。我所聽過的這些故事有很多非常悲慘，甚至我也提供了自己的切身經驗。這些故事的共同點，在於每一位女性當事者都與無法付出感情的男人有感情關係。

目前市面上沒有類似的書籍可以提供如何遠離悲慘感情的明確指示，我也刻意不想讓你認為自己可以繼續期望、祈禱身邊的他能有所改變，因為我認為你不該把自己的一生賭在這種關係上。只有深入探討為什麼你會陷入這種戀愛關係背後的心理學，幫助你釐清、重拾信心，往下一個健康的戀愛前進。書中會提供明確、簡要的方法，讓你有機會獲得力量、勇氣向前走。

我希望能幫你找尋穩定真愛的路，你將很難再碰到那些只會玩弄人心或已婚的男人。我以同理心思考你們的處境而寫下這本書，身為專家的我曾幫助數千名諮商者，所以我真的懂，我也參考了我個人的生活經驗，知道你可能正處在一段痛苦的感情，或是孤身寡人，希望自己能找到那特別的另一半。這情況可能是純粹運氣使然，在你做錯抉擇時發生，有時候甚至是這兩者同時作用。不論如何，你可以進而了解、獲得力量，做出有建設性且健康的改變，讓你能夠邁向絕對值得的快樂、光明的未來。

我之所以寫這本書，是希望能提供身為母親、支持你的朋友以及富有同理心諮商師可以給予的所有撫慰。身為專攻兩性感情關係的執業諮商師多年，我可以指導你如何做出健全的選擇，這就是我每天的工作內容。我已經為許多經歷感情挫折和為愛心碎的女性提供諮商，就如我對她們所做的，這些改變過程絕對值得，也肯定行得通。謝謝你們願意信任我，讓我提供幫助。

Chapter 01

無償之愛

是你要的愛情？

無報酬的愛情確實是常見的電影題材，但如果你正經歷這樣的感情，這可不有趣。事實上，這可能是你所經歷過最痛苦的經驗之一。無償之愛就是付出去的愛得不到相等（或一點）份量的回報。不論你是否曾有過這種經驗，或是一直以來這就是你談戀愛時的模樣，此狀況絕非隨興發展的。在你讀完這本書後，你就會知道，無償之愛源於早期戀愛史和生活經驗的影響，特別是與父母有關。好消息是，你可以捨棄這種不好的模式，學習如何選擇、珍惜情感上願意付出的另一半。

來看看薩曼珊的故事吧。薩曼珊已經是第三年自己一個人過聖誕節了（更不用說感恩節和新年），她那位已婚男友此時應該已經跟妻子分手，畢竟他曾經請求她要有無比的耐心等他，也說過很愛她的話……但要會發生早該發生了。薩曼珊認為她獨自一人受苦，身邊許多朋友都有真正的伴侶，她感到嫉妒，因為她明明也有伴侶啊，但她卻得自己一個人度過這些假期。

薩曼珊就跟其他與已婚男人或無法付出情感男子交往的女人一樣。許多人問過她，為什麼她這樣一個迷人、聰慧、受過教育且工作上進的女人，卻少了一位認真穩重的男友。雖然她總會說「我還沒遇到對的人」，她相信自己終有一天會碰到那對的人——即她生活圈裡自己早已認識的那一位，他離婚那一刻就是了。她也認為自己還能繼續等，畢竟她也才二十五歲而已。

與已婚男子、不願交付承諾或是付出情感男人交往的單身女性，多半都會付出許多年華歲月。情慾契合的化學變化會讓她們繼續處在這種幾近上癮的狀態。與已婚男子交往期間的激情情感太過澎湃，這些女性往往要學會如何應付低潮時光——也就是無法見到對方、與對方交談，自己孤身一人參加派對或活動的「間隔」期。與無法付出情感的男人交往，你多會發現自己要抓狂，處在高度焦慮的狀態，經常想著為什麼他還沒回你電話或簡訊。

就像薩曼珊，你發現與已婚男子交往的自己，已經走入必須仰賴謊言藏匿這段感情的陷阱中。見過他的家人和朋友都以為他是未婚男，或者根本沒有人知道你身邊有這個男子存在。不論是哪種情況，你的感情生活現在就像雲霄飛車。

而與明明知道未婚但卻毫無回應的男人交往，那又是另一種折磨。你跟身邊的人說自己遇到了「很棒的男人」，你也不否認彼此之間有瘋狂的化學作用和吸引力。可是朋友們都想知道，為什麼你看起來這麼不開心。你可能覺得矛盾，因為這種「愛情」似乎讓你瘋狂，同時又讓你焦慮不安。

既然你決定要讀這本書，那就表示你不想再活在如此持續模糊不安的生活裡。或許你很認真的問了自己，是否要就此斷絕關係，繼續過生活。你可能正在尋找任何一絲能讓自己繼續撐下去的希望。許多女人是在不明智的狀況下碰上了，有些人會在知道對方結婚了或是完全不付出情感後就決定分手，快速終止這段情感濃烈的感情。不過，還是有很多人選擇無論如何都要繼續守在像是雲霄飛車的戀愛中。

他無法付出感情時——

你可能會問：「是我給的愛不夠多嗎？」讓我告訴你吧，這種狀況跟你付出的愛或愛人的能力毫無關係。或許與情慾和迷戀有關，但絕對不是愛。愛情的痛不會是這種樣貌。真正的愛是均衡對等的，是健康的依賴，而非只是相互依存而已。健康的依賴是能彼此信賴、支持對方。對等的戀愛關係裡，男方不會讓你覺得感情失衡，覺得瘋狂。他也會完全坦然表達自己的感受，真誠面對你們雙方的感情狀態。

來說說蜜雪兒的狀況吧。因為友人刻意安排，她認識了馬克。但其實這也不是真的初次見面，因為她老早就「認識」了這個人。社群媒體檔案裡他的照片很迷人，完全就是她喜歡的類型。此外，他的背景也不遑多讓，常春藤名校畢業，有一份專職的工作，跟她一樣都是猶太家庭出身，她的朋友都覺得他們肯定是天生一對。

他們在喧囂的酒吧裡見面時，整間店沒有其他人，只有彼此。他們整晚聊個不停，發現雙方有非常多的共同點。她很肯定自己終於遇到「對的人」。約會結束時他們各自回家，她很期待他說「再聯絡」「再約出來喔」，可是隔天（或再隔一天……）他並沒有打任何電話或發簡訊，她於是覺得沮喪、焦慮，她反覆想了一遍當天的約會情況，自己是不是有哪裡做錯了，還是她完全誤判了馬克這個人。

星期五，她終於再次聽到這個人的消息，但現在她只想到，如果自己答應對方週六晚上的見面，是否「太不矜持」了。問過所有朋友的意見後她決定赴約，他們又一次度過了很棒的一晚。但之後又出現同樣的循環，有好幾天都沒有馬克的消息。她決定傳簡訊給他，可是卻是到了隔天他才回覆訊息，內容只是「抱歉我很忙」。很沮喪吧。但比起面對這個事實，蜜雪兒卻只想著要再努力一點，對他更是著迷。她無法理解，明明彼此都有不可錯認的火花，為什麼會發生這種事。

就這樣過了好幾個月，蜜雪兒與馬克的「戀愛」——如果你認為這是戀愛的話——就是反覆的高興、沮喪，期待和失望。馬克有時非常貼心，但有時卻讓人覺得有距離感、情緒化。這讓蜜雪兒有時欣喜，有時又非常憂鬱焦慮。她總是會擔心馬克是否要和自己分手，還是他認識其他人了。她試圖表達自己的心情時，馬克總說她「太黏」了。她感到困惑，她認為自己確實正在談戀愛，但她總是覺得悲傷，家人也一直都擔心她。

要離開自己所愛的人是你一生要做的最困難的事情之一。蜜雪兒因為陷入太深而無法自拔。從她的故事我們可以知道，她完全錯失了幾個重大的警告訊息。她甚至不知道自己是如何變成與馬克交往時的自己，她總是認為自己很堅強、很獨立、事業成功，擁有很多的朋友。

重點在於，馬克這樣的男人根本無法對女人付出愛。他們的行為模式可以是工於心計或感覺遲鈍，也可能是惡劣到精神虐待。重要的是你要了解為什麼這會發生，要如何找到能明確同樣愛你的對象。此外還要知道如何適時的在事情演變惡化、造成心理創傷之前止血。

他無法付出承諾時——

不是說有些男人不怕付出承諾了嗎？簡單來說對的，有的男人確實不再有戀愛焦慮（即是「承諾恐懼症（commitment phobia）」）。不過就算怕，也只會在合理的時間範圍內出現！你也會在感情朝那方向發展的過程中收到許多明確信號。你不會在這個人其他的生活方面看到同樣的恐慌，真正無法給出承諾的人就是：單純給不了承諾。這問題可能有深層的原因，或者對他來說這種失能太嚴重，讓他無法克服這種恐懼感。你可能也會在他的其他生活面向裡發現，不是只有單純的感情史。

這便是愛蜜莉的處境。傑克各個方面她都喜歡，他們有很多共同點，也喜歡彼此的陪伴，性事上也非常契合。她不過才要邁入三十就算事業有成，她也準備好步入婚姻，深信傑克會是很好的丈夫和父親。交往一年後，他仍然沒有提過雙方的未來，更不用說結婚了。她每次想提他就會顧左右而言他，最後就是吵架結束話題。他說他還沒有準備好，但也說不出什麼時候會準備好，或者就直接以事業不穩定做理由應付了事。

愛蜜莉注意到他無法好好在一間公司工作，時常跳槽。她也知道他的父母當初離婚時吵得不可開交，為了監護權拖了很久。她極盡所能的向他保證，但似乎還是無法說服他讓他給予承諾。她開始為了這份對傑克的愛，以及渴望婚姻、生兒育女感到痛苦。

對感情感到焦慮的男人確實能好好愛你，但是對他們而言，長期處於一段穩定戀愛關係非常困難。他們也會很難跟你討論未來，如果不斷相逼，他們就可能會直接逃離這段關係。期望承諾會讓他們感到恐懼，他們可能會在依賴和自由兩者之間感到矛盾。與無法給予承諾的男人交往，就會變成噩夢一場。

他已給過承諾時（已婚）——

這類型的男人通常是既無法付出情感也分身乏術。事實上，他們本來就有穩定交往的女友，或是已經把婚姻誓言給了另一名女人。你發現自己可能愛上或容易吸引到這類型男人。不是有些男人會為了情人離開妻子嗎？這類男人通常是遇見情人之前老早就想要與妻子分手。就算你的狀況不一樣，那其實最後和你修成正果的機率也微乎其微。極少見的情況是，這個男人確實會離開妻子，但即便如此，你們兩個最後能成功穩定在一起的機率終究很低。這種情況很難找出真正的統計數據，不過就我所做的研究來看，我敢說這類戀愛關係能成功開花結果的機率可能不超過百分之十，也就是說有百分之九十是不可能成功的。既然有百分之九十會輸，你還會在這匹馬上下注嗎？你會坐上有百分之九十機率會墜機的飛機嗎？當然不會啊。但是，如果你已經選擇我們討論的這類型男人，你確實不管機率多小都將心意和未來賭上了。你可能會想，自己一定是那例外，即便機率這麼低，終究還是會成功的。我現在就能告訴你：你絕對不會是那幸運者。

拿貝絲的故事來說吧。她和裘恩交往多年，她心裡認定他就是自己的靈魂伴侶。他完完全全就是她一直尋找的對象，唯一的問題就是他已經結婚了。不過他有個「特殊情況」，他和妻子是「形式上的婚姻」。他們從來沒有「做愛」，這段婚姻比較像是朋友之愛的結合，對於出軌外遇彼此都是睜一隻眼閉一隻眼。他們會為了最小的女兒繼續在一起直到孩子上高中，這樣才能給孩子一個穩定的家庭環境。貝絲可以預見這段感情的結局：再過兩年吧，裘恩就會和妻子離婚並娶她。這是裘恩自己說的，她也找不到任何會翻盤的可能。此外，她相信他是認真的，他們之間的感情火花可不是假！

很快地過了兩年（此時貝絲已經四十多歲），裘恩最小的孩子終於上了高中，貝絲知道裘恩隨時都會訴請離婚，他們就能順利結婚，順利生活在一起。就如裘恩所說的，他確實離了婚，但令人意想不到的是他也與貝絲分手。

雖然我們只能去猜想裘恩真正的想法，但看來貝絲是他的「移轉對象（transitional object）」。她滿足了裘恩的需要，讓他能繼續忍受自己的婚姻。沒錯，他確實婚姻不美滿，但這並不代表他對貝絲有像貝絲對待他那般的深思熟慮，他實實在在地利用了她。

更惡劣的是，就在他離婚過了一年後，他與另一個女人結婚了！

因為現今職場上有更多女性，男人和女人之間的牽絆和友誼發展會更快，這類型的戀愛關係都是男方已婚，有的會從精神上發展到情感上，更常見的是會轉變成生理上出軌。除此之外，現今女性多半財力更自主，不需要依靠男人來照顧自己的未來。如今我們社會已經發展到女性可以擁有自己的事業和孩子，完全不需要依靠男人。整體來說，女性變得更富足，不僅可以有權有勢，還能管控企業，還可以是百萬富翁。

儘管社會發展已經有了這些變化，但請記得女人天生就是比較重視關係、比較情緒化。男人本來就比較注重邏輯（解決問題），強調生理層面。另一個問題在於，男人本來就比女人更渴求性愛，女人的性需求似乎會隨結婚越久，甚至是有小孩後變少。我們女人的身體會經受極大的生理變化，男人則不會有這麼大的改變，他們的性需求不會這麼快就減少。然而，婚姻裡女人身上這種生理親密感的轉變，會嚴重影響到男人，可能導致有些男人容易想「向外發展」的傾向。婚姻初期就不怎麼做愛可非他們「願意結婚」的回報。當你想找到願意給予承諾或一對一戀愛關係的對象時，卻愛上已婚男子，這可是會讓你的人生陷入混亂。碰到這種情況的女人甚至會說這是「痛不欲生」！

他沒那麼喜歡你時——

這比較類似於「無法付出情感男人」的狀況，但也很複雜，可以想成他不是問題核心，而是整體情況不允許。他無法對你付出感情，因為他就是對你沒有那麼深層的感覺。他可能是很好、很優質的男人，但對於任何戀愛關係來說，彼此都有感覺和吸引力才是要點，更遑論延續與否了。

別對沒那麼喜歡你的人太上心，因為你也有選擇權，我敢說你也記得有人很喜歡你但你就是對他沒感覺的時候吧。可怕的是你（或他）接受不了這事實，無法繼續前進。最理想的狀況是，男方一開始就很誠實、坦白；若不是如此，那就要懂得從他的行為找線索。他沒有回電、回簡訊或以其他方式追求你……那他就是沒那麼喜歡你！

你碰到的情況可能更複雜——或許他是你的上司、最好朋友的配偶，或者是鄰居。

也就是說你發現很難不碰到他。若你不需要每天都碰見他，就把這當作好事吧，因為所有更複雜的因素都會讓事情更困難。不過，你還是能成功遠離這樣的感情關係，這在第七章會討論到。

只有學會如何承受分手和孤獨的痛苦，才能成功熬過失戀。很多人都會在這個階段習慣性失敗。分手的痛苦變得難以承受，所以他們寧願走回頭路。這樣的失戀可不是一般的分手，比如你不再愛了或你被甩了然後那扇門就永遠關上。如果那扇門沒有關上，你可能還是會回頭走過去，返回他身邊，屆時你的狀況就類似於酒癮者永遠都有辦法拿到酒喝：你們都需要知道，自己所渴求之物就在某處，是可以取得的，以此來找出方法繼續生活。

再說一次，痛苦的感受是正常的，你會感到失落，必須經歷悲傷的過程。憤怒、傷心、拒之門外、孤單和受傷都是不可避免的感覺。第九章將告訴你如何規劃，排除這些難受的情緒。根據我多年從事心理治療所發展出來的有效方法，我會提供實質技巧，幫助你處理這些感受，重新找回好的感覺。失落感容易使人處於危險的狀態，分手（和已婚男交往或任何戀愛關係）肯定隸屬這個類別。本書將介紹處理情緒的方法，幫助你調整自我，回到可以接受失落的「全新正常的自己」，並會引導你前進。

這些療程相關的處理方法將在第九章完整解釋，總的來說就是縮寫成「GET SMART」：

◆G——目標取向
◆E——情緒管理
◆T——重建思維
◆S——自我撫慰
◆M——正念
◆A——依附類型
◆R——向他人連結
◆T——轉型行為

第十章將討論如何向前邁進，繼續生活。當你充分了解第七章、第八章和第九章內容裡如何處理失戀的方法，承受得了苦痛，這就會自然而然進展。如果你能從失落的痛苦成功走出去，那你已經快打贏這場戰役。不過，如果你試圖改變，那維持改變需要心力和努力。目標將從如何遠離這類感情，變成找出自己想要怎麼樣的生活（包括任何未來的戀愛）。你還是有很大的機會能愛上某個人、與某個人相伴，若是這樣的話那真的很棒！但你需要知道如何在遇到那個人之前盡可能地充實自己的生活。在想辦法努力前進時，不論你的目標設定和整體恢復狀態如何，有幾點重要觀念需要謹記，這我們也將一一闡述。

我們會在第十一章回到戀愛的議題，更進一步的討論什麼是健康的戀愛關係。該章節裡的資訊內容將代表大多數人對於另一半的理想描繪（比如真誠、負責任、懂得照顧人），這可以協助你反思自己認為戀愛裡什麼是必要的（以及自己的底線）。

十一章裡，我也會花不少篇幅討論什麼才能讓戀愛變得健全，我將強調情緒和生理方面的接納度，以及情緒反應和情緒投入，我也會再次回顧依戀理論，將討論帶到你在與潛在戀愛對象互動時的直接反應和理性思考。我將協助你規劃出成功的約會策略，讓你在陷入太深以前即能識別警訊，提早淘汰不好的選擇。

第十二章探討的，是如何知道自己在終止戀愛、不吃回頭草或甚至戀愛期間需要作出抉擇時是否懂得應用專業幫助。有些女人會「反反覆覆」重新回到愛人的懷抱，就算自己的青春已經不再，她們可能會認為要真的分手也不可能。她們有的人可能有讀過自助的書籍，但對許多人來說，專業諮商師的引導幫助，促進進階的情緒處理方法，對於要勇往直前都是很重要的。該章節也會闡述如何找正確的專業諮商。

最後，第十三章會回顧本書介紹的重要概念，給讀者關於自愛、尋找目標和治癒的話。我們也會討論脆弱、失落和原諒。此章節後續還有建議的讀物和其他資源，幫助你繼續維持感情正軌。

Chapter 02

或許就是他

各種無法付出感情者的類型

要分析為何有人不願意和他人有親密關係或親近其實很難。社會科學領域上確實有很多資訊指出，人類與生俱來就要與他人有所連結。這行為是人類這個物種演化的一部分，對於我們的生存來說十分重要。但是現實卻告訴我們，有些人似乎選擇社會隔離，有的人還因為和他人連結可能會被拒絕而拒絕他人。這些人不會讓自己承擔情緒風險。既然我們已經在第一章討論過大致類型，現在就從科學角度來進一步揭發他們拒絕連結的深層原因吧。

依附理論

以約會和戀愛來了解何謂「依附理論（Attachment thoery）」的基礎很有用。依附理論源於心理學家兼研究者約翰．鮑比（John Bowlby）於一九五〇年代早期開始的研究。依附是指我們如何與依賴的對象發展出深層牽絆。第一種的牽絆連結大多數是父母，因為我們出生時並無照顧自己的能力。我們會全然依賴雙親之一或是替代的照顧者。怎樣可靠、一致的照護會影響我們對於自己、世界和他的安全感，這早期模式也成為我們戀愛表現的藍圖。重點在於我們如何思考、了解我們的需求以及如何滿足需求的方法。這初期關係發展出來的安全感會演化出不同模式或「類型」，我們可能是安全依附類型（secure attachment style）或是三種可能的不安全依附類型（insecure attachment style）之一。

◆**安全依附類型：**這類型的人很容易辨識出自己的需求，必要時也能自在的連接可以滿足這些需求的人。這類型的人也可以輕鬆滿足他人（好比戀愛對象）的需求。一般來說，這類型的人童年多半很快樂，也一直有能滿足生理和情感需求的照顧者在身邊。另外三種的不安全依附類型則是焦慮型、迴避型和混亂型。

◆**焦慮型依附類型：**也稱為「矛盾型」或「占據型」，如字面所述他們需要保證，和伴侶分開時就會感到焦慮。有時候他們會被認定為「太黏人」或單純「沒安全感」，這通常是因為童年沒獲得持續性照顧，或是雙親之一本身即是高度焦慮而導致。

◆**迴避型依附類型：**又稱為「排斥型」，他們會將自己對他人的需求減到最低，或甚至否認自己有任何需要。這通常是源於兒時照護者時常不在身邊，最終孩子必須自己照顧自己或獨自處理複雜的情緒。他們對於戀愛的觀點通常是負面的。

◆ **混亂型依附類型：**也有一種說法是「恐懼迴避型」。這類型的人通常會同時渴望又懼怕親密感和連結，因此他們會給出很多混亂的信號，表現出「靠近／走開」的行為。這類型通常源於童年曾被虐待、受到創傷，或者是嚴重缺乏父母一致性的照顧。

不安全依附類型的人，他們的典型行為也可以視為是他們的應對策略。他們可能兒時表現良好或是為了生存而表現良好，但長大後在成人戀愛關係上表現很差。例如，一個無論如何都不願意爭吵的人，可能對小時候家裡發生衝突時的壞印象有所反應。

重要的是要了解我們都有依附類型。依附類型不該被區分成正常或不正常，而依附類型並非受到父母照護的品質，而是你與他人互動的經驗所影響。依附類型需以你在一段關係裡是否覺得安定（或不安），以及連結中斷時你如何回應而定。依附這個議題也不該與心理疾病牽扯在一塊兒，有些人可能心理方面生病，基因不良、個人行為缺失、不成熟或這些徵兆結合起來，都可能是他們出現過失或行為冷漠的原因。

無法付出情感的男人類型

哪些男人在戀愛時會有很糟糕的行為呢？他們是否都屬於不安全依附類型？我敢說有很多人是這類型沒錯。我把這些男人以「類型特質」區分出來，列出他們在戀愛時和一般社交關係時會有的行為。

已婚（或已經有穩定的戀愛交往對象）的戀人

無法付出感情男人的終極類型就是某程度上已對他人賦予承諾的人。這種人也可能會同時隸屬於後續其他的類型，我會在第三章詳細討論這種情況。

遠距離戀人

你和他沒有住在同一個區域。這類戀愛通常會非常熱情，你們彼此相見時也會非常激情、美好。我絕對不是說這類戀愛永遠成功不了，我知道有的人可以，而且也不是這類戀愛的所有當事者都無法付出情感。可是有的人確實會故意不想和那些經常碰面的人談戀愛。請注意，對這種對象來說，這情況可以讓他輕鬆隱藏真面目。事實上，有些男人會故意挑選不會出現在其日常生活中的人談戀愛。請記得，你們一定要住在同一個區域，才能真正的了解彼此、知道這段感情能否有結果。

個性有缺失的戀人

或許他是自戀狂，甚至是更糟的反社會者。無論如何，他把你留在身邊，純粹是為了自身利益利用你或有其他投機目的。他可能是為了證明自己長得很帥、很有男子氣概。或許他毫無同理心還很遲鈍，沒想過自己的行為會如何影響你，永遠都是他的感受最重要。他也可能非常迷人、很有自信，很快地吸引了你。

這類型男人可能是在利用你。他可能會利用和你在一起來獲得對自己有益的事物，這不一定都是性愛，你可能有地方讓他住或是在財力上幫助了他。如果他結婚了，那你就是幫他斷離這段婚姻的中介者。不管如何，愛都不是他做這一切的動機。

個性有缺失的人也有奇怪的能力，讓你覺得自己才是有問題的人。他或許會對你給予某程度的承諾，但你要知道他對你的愛永遠不會比他愛自己來得多。他可能因為工作、財富狀況、政治地位、名聲等等而有很高的權力，女人通常會因此覺得他非常迷人。處於領導職位、有掌控權和權力的人經常會被他人敬仰，不用花多少心思就能得到女人的青睞。但請記住：他認為自己是「被愛者」，而不是「愛人者」。

多情浪子型的戀人

這類型的人無法接受「一夫一妻」，或者是會假裝自己很謹守本分不花心，但卻無法做到。他可能會對你說謊，盡可能地把你留在身邊當作性愛對象。他可能有性上癮，只把女人當作物件，或是認為「一夫一妻」無趣至極。這個人可能本來就是會腳踏多條船的花花公子，或者他並沒有告訴你他已婚。你可能是自己發現這件事，或是你已經陷得太深他才突然說出這件事。他很擅長劃分界線，隱藏祕密，他也會和你在一起時偷偷進行其他約會。這種人通常很冷漠或高傲，還會對你若即若離，讓你很渴望又不願意繼續相處。

上癮症的戀人

這類型的男人因為有外力影響（有藥物或酒精問題）所以無法表現一致。你在身旁時，他的行為可能會極佳或突然極差，從冷漠變得很興奮。你可能根本不知道他有癮症，因為很多上癮的人都很會隱藏。直覺告訴你好像不對勁，但你也無法說清楚是哪裡不對。當你發現後一切就合理了，除非你想跟著他沉淪下去或是成為他的促成者，請逃離吧。

比較麻煩的上癮症是對工作上癮。工作狂目前仍是社會上普遍接受的癮症。一開始你或許對他高超的工作力崇拜不已，但不用多久，你就會因為他的工作時程和數不清的會議，得獨自熬過無數長夜和他忘記參加的活動感到沮喪。你的他確實要努力工作，但並非持續工作到工作／生活失衡。上癮的人不會在你需要他的時候陪著你，還會讓你傷心、失望。你唯一能確定的就是他不可靠。

生活亂七八糟的戀人

這個人因為人生裡發生悲慘的事或不幸而無法（或暫時）付出情感。亂七八糟可能是因為失業，或是失去身邊的至親。他是非常好的人，不過時機真的不巧。現在和他談戀愛不是好主意，偶爾適時聯絡一下，在你想更進一步前等他回到生活正軌上吧。

另一種人可能是長時間都無法修復的狀況。他可能是「媽寶」或者他跟自己的姊妹或死黨們太親近了。他不怎麼有自信，非常需要仰賴當前的依附對象，才能好好談場健康的成人戀愛。他的情感表現都與其他人緊密相關，沒有多餘的空間給你；或者說，他可能無法好好拒絕別人。他與他人的界線太過模糊，用掉了他該陪伴你的精力和時間。在他能好好與你談場成熟的戀愛之前，他必須設法解決這些失常的變因。

直接迴避的戀人

這類型的男人搞不清楚戀愛和給予承諾的差別。因為過去有不好的經驗或是有很糟糕的童年，儘管他對你確實有感覺，但他卻無法堅定的給你承諾。你似乎永遠無法親近這種男人的心，他總是有所保留。不表露他的感受，你問了他也避而不答。你們吵架時他可能會拖延、不吭聲然後拒絕溝通，這種他雖然人在現場卻毫無情感表現的感覺著實令人沮喪，而你越是相逼，儘管是溫和勸說，但他卻會越把你往外推。

與這類男人交往，你永遠無法發展出長期穩定戀愛需要的親密感和連結。他或許會體現出恐懼迴避的依附類型：可能會渴望親密和親近感，卻同時對之驚恐。可能因為之前的失戀而保持憤恨的態度。某方面來看他似乎會表現得像「受害者」。或是他會很悲觀、壓抑，無法拋開這類思考。他也可能在第一次約會時表現超好，之後就消失不見。對他而言生活異常複雜，他可能天真無邪，讓你想繼續跟他在一起，支持他，因為你覺得很過意不去。不過這也是非常不好的主意。

我盡量條列出這類型男人有的特質，好讓你知道無法付出感情的人通常會有什麼特性。如你所見，無法付出情感的男人有很多種，其背後原因也不同。我們目前大概能知道為什麼這些男人會是如此，為什麼他們會這樣做，依附理論的範疇裡大部分都有所解釋，另一大部分則是要從他的個人生活經驗、過去和當前影響他的情況來解釋，我們也無法排除基因或生理上的影響。好消息是，要尋找健全和甜蜜的戀情，不是一定要了解對方行為背後的根本原因才能改變自己。

無法付出情感者特質 檢測表

以下是兩種特質檢測表，其條列的特徵可以讓你知道當前交往對象是否屬於無法付出情感的類型。拿支筆，符合你當前狀況的部分就打勾。（如果你當前沒有約會或沒有戀愛，那就回想前一次的戀情。）如果這列表上你打了很多的勾，那對方很有可能就是無法付出感情的類型。

□他有妻子或穩定交往的女友。

□他經常回想之前的戀愛經歷，或常提到前女友如何傷他的心。

□他似乎很冷淡或冷漠。

□他對我的感受或需要不太有反應，明明跟我約會，但他還是有在用交友應用程式或交友網站。

□他沒有把我介紹給他的朋友或家人。

□他把我屏除在他的重要生活之外。

□他還保留前女友的聯絡方式，聲稱他們還是朋友。

□他會有很多天都不跟我聯絡，我也很難聯絡上他。

□他不會在我身上花任何錢（但花在自己身上都無所謂）。

□他一直強調自己需要很大的「空間」或時間。

□他似乎常常為了瑣碎的小事而生氣。

□他無法好好的解釋自己的感覺。

□吵架時，他會避免起衝突，或是很快就默不出聲。

□他容易對我敷衍了事。

□他很少關心我好不好（我今天過得如何／我的想法／我的感受）。

□他不太有自信，或者很容易看輕自己。

□他不願意在我家留下任何自己的東西。

□他不讓我在他家留下任何我的東西。

□他曾說他受不了太黏的女人（但他好幾任前女友都很黏人）。

□他說他的前女友們都是瘋女人。

□他會避免有任何親密或身體接觸的動作（除了做愛）。

□他沒有在社群媒體網頁上更新自己的感情狀態。

□他會無緣無故地心情大好大壞。

□他會避諱談論到任何深入或複雜的話題。

□他迴避任何關於我們未來的問題。

□他拒絕任何關於「我們兩人」的「感情」話題或討論。

□對於戀愛他有很不切實際的想法，或幾近於浪漫童話的態度。

□他很自私、自我中心或只顧自己利益。

□他很吹毛求疵，對很多事物都能挑剔。

□他曾明白表示他很怕給予承諾。

現在請直覺思考自己對於眼前約會或交往對象的感覺。若你已經有幾項符合，那就代表你目前交往的對象是無法付出感情的類型。

我認為而且我覺得……

□我不知道我會碰到或是陷入這場戀愛關係中。

□我其實不認識他。

□我不知道自己目前是他的誰。

□我沒有被珍惜的感覺。

□我對他而言不重要。

□我從來沒被他放在心上。

□他讓我變得很醜陋。

□我一直處於焦慮的狀態。

□我被他利用或愚弄。

□我的自尊受到重挫。

□比平常更容易覺得可疑或嫉妒。

□我的生活似乎被他和這段關係填滿了。

□如果我不追問，他就更不可能說了。

□只有我會主動想討論重要的話題。

□只有我想要討論我們兩人的未來。

□他可能隨時隨地都會拋棄我。

□我是他心中排名的最後一位。

□我得保持最佳狀態才能引起他的注意。

□我心裡一直有聲音要我放棄，繼續向前。

有時候，這些徵兆很難捉摸。來看看亞曼達和山姆的故事吧。他們是朋友撮合認識，一碰上面就打得火熱。他們有很多的共同點，彼此確實有強烈的火花。他們開始戀愛時也沒有什麼不一樣的地方，山姆會經常聯絡亞曼達，也承諾會再打電話給她。事實上根本沒有什麼線索可言，直到他們在一起好幾個月後才發現山姆其實是無法付出情感的類型。

雖然不是出現一大轉變，但慢慢出現的小插曲總有些警告。比如說，他們第一次吵架之後，亞曼達心情很糟，但她認為應該要和山姆一起討論，試著解決問題。可是山姆完全不想跟她說話，他拒絕表達意見。亞曼達面臨這種排拒在外的情況，只覺得更是沮喪。三天完全冷戰之後，他竟然像是沒有發生任何事的打電話給她。她覺得很困惑，但也同時因為他終於聯絡而鬆了口氣，因此也就沒有再提這件事。可是，同樣的情形又發生了，亞曼達又被山姆冷淡以對，只有他準備好了才又恢復正常。

她也開始發覺，山姆只會談論一些虛幻的話題。他從來不會表達自己的感受，當她詢問時他就會推託、逃避。亞曼達意識到和山姆待在一起時，她才是分享情緒感受的那一位。她曾問過他是否願意一起去找諮商師，因為他們是認真在戀愛，她很愛他所以想要一起解決問題。當他拒絕時她覺得很傷心，山姆說：「我就是我，別想要改變我。」

亞曼達最後做了一個痛苦但聰明的決定，她和他分手，因為她知道自己希望能和另一半有更深層的交流。她也需要一個不會在吵架或意見不合後就不管她的對象。山姆正是一個「直接迴避者」，亞曼達已經承受夠多訊號，於是她決定聽從自己的心。

另一方面也有徵兆是再明顯不過的。有些女人發現自己正處在特別難熬的關係裡，她們交往的對象是反社交者或自戀狂。這些男人不只無法付出情感，甚至還會精神虐待她們。以羅拉和克雷格來說，羅拉心地善良也很貼心，但她確實太天真了。她一開始就為克雷格傾心不已。他們在一起幾個月後，他開始變得善妒而且很有掌控慾。她得不斷向他保證自己對他的愛和承諾。有時候，他甚至會為了很小的事情對她不滿。

於是她開始懷疑自己是否精神正常，還會怪罪自己為什麼要惹克雷格生氣。克雷格則會突然從好好先生轉變為冷漠以對。她曾經跟他提分手，但他卻哭了起來，不斷說自己會改，可是這改變撐不了多久。她真的想要了結這段關係，可是又很擔心自己傷害他，最終讓自己進退兩難。後來經過她的朋友、家人還有治療師的協助，才讓她找到力量，成功與克雷格分手。

無法付出情感 vs. 精神虐待

我想清楚解釋一下，什麼是無法付出情感，而精神虐待又是什麼。這兩者之間的區別其實很細微。虐待並非一定是被打或有所碰撞、被以難聽字眼辱罵那般明顯。事實上，虐待也可能是非常低調或不明確的行為。你或許對目前的戀愛感到困惑，感到失衡，或者對對方任何言語或動作感到小心翼翼。這就是一種當你越是深陷其中，悄悄找上你的虐待（也可稱為精神虐待或心理方面的虐待）。

精神虐待會在戀愛中一方試圖掌控另一方所有資訊，操縱他或她的觀點或對現實的感受時發生。這類虐待通常會包含強烈、情緒上的操縱主題和威脅，試圖讓受害方默許。除此之外，施予虐待的一方大多擅長說服受害者，表明這都是他或她的錯，可是受害者卻得對這情況負責。如果這些虐待開始讓你懷疑自己的記憶、感知或精神狀態，這就代表你開始有「煤氣燈效應（gaslighted）」了。舉例來說，虐待方否認之前有過任何類似事件發生，鋪設事件經過，其用意就是為了讓你困惑。

簡單來說，虐待方有時候會丟出誘餌。我聽過無數次某個對象人「超好」「很會說話」、「送我禮物」等等，好像這些舉止就能抹除所有他對她不好的部分。你需要知道，這正是虐待循環的模式。事實上，受虐的戀愛很少不會有「感覺（非常）良好」、超乎誠懇的道歉或試圖為了不良行為而補償的時候。這些時候會讓你持續抱持希望，認定這段關係會有所改變，而虐待方深知這一點。

重要的是要記得，精神虐待絕對錯不在你。虐待方是非常專業的操縱者，他擅長讓你覺得之所以會被這樣對待是你的錯。這些人知道每個人都會不安，他們會利用這些不安來對付你。虐待方善於說服你，告訴你你不值得更好的對待，或是他們是為了「幫」你才這樣對你。有的虐待方甚至會在公眾場合表現如翩翩君子，讓其他人對他們留有非常好的印象，但私下卻不是這麼一回事，反而令你覺得疑惑難解。因為這一類虐待手法就是狡詐而且難以辨別，以下我整理出了情境清單，希望能幫你更容易了解是否目前正處於此狀況。

精神虐待情境 檢測表

如果你交往的對象出現以下數種行為，那你正處於精神虐待的戀愛關係。

- □他會羞辱你或讓你丟臉。
- □他會不斷貶低你。
- □他會吹毛求疵。
- □他拒絕溝通。
- □他無視或對你視而不見。
- □他同時有不同的婚外情。
- □他會對異性有其他搭訕行為。
- □他經常用諷刺或刺耳的語調說話。
- □他會莫名其妙嫉妒。
- □他的情緒時好時壞。
- □他會說非常惡劣的笑話，或經常笑話你。
- □他曾說「我愛你，但是……」。
- □他會說「如果你不……我就________________」。
- □他喜歡主導、控制。
- □他不再表現對你的喜愛。
- □他讓你有罪惡感。
- □一切都是你的錯。
- □他不讓你親近朋友和家人。

□他用金錢控制你。

□你不在他身邊，他就會一直打電話或傳簡訊給你。

□如果你說要分手，他就威脅說要自殺。

如果你現在發現自己正處於精神虐待的戀愛關係，我會希望你快點離開對方——必要時可以尋求專業協助。你可能覺得你深愛這個人，但他其實不愛你或是不尊重你。我可以肯定地告訴你，如果你跟他分開，時間可以讓你不再去想他。你值得有一段美好且受尊重的戀愛。

如果你發現這些描述和故事中有自己的影子，並意識到自己真的要面對現實——你正與無法付出情感（或更可怕會對你精神虐待）的人糾纏不清——你確實處於艱難處境。這種情況裡，沒人會因為性愛或彼此之間有化學效應而想放棄這些感覺。後續的章節將會引導你，讓你完全了解自己是如何、為何會（反覆）遭遇這種狀況，也會提供你如何好好鬆手的指南地圖，闡述為什麼放棄是如此重要。

Chapter 03

成為小三或小王

死路一條

本章的內容是獻給愛上無法陪伴自己的另一半——即已婚者的女人。這類婚外情可能是情感上出軌，也可能是身心靈投入的外遇。情感上出軌是指與已婚者有非常親密的心靈交流，但並未有身體接觸。這類出軌通常會演變到最後身體也淪陷，因為雙方已經存在難以否定的化學效應。捲入這類關係的女人往往未曾想和已婚者戀愛。如果你過去曾有類似經歷，或許會說「這就自然而然發生啊」。另一種情況是你們相識時你根本不知道對方已婚，他的表現就如單身漢，等到發現真相時你早已無法自拔。不論這段關係如何發展，都會在你變得更貪心——也就是你希望他完全屬於你時更痛苦。

女性捲入婚外情時，經常會在要下定決心處理時變得憤慨，大部分的人會直接把自己歸類是三種不安全依附類型的人之一，此外，具有善良、樂觀特質的當事者可能會出現另一種形象——比如令人憐惜、有希望、意志堅強、熱情和深情。如果對方婚姻生活不美滿，這類女性會自然傾向同情他們。意志堅強且充滿希望者會認定他們會有好的結果。這些人本來就很重情，而她們終於找到能感念她們情分的人。因為情深意重，反而讓她們難以忘懷已婚者，更不會想到還有其他人值得愛！如果你目前陷入這種處境，你的善心好意已經招致意料之外的可怕後果。

拿凱西來說吧，她自認「有同理心」，容易與其他人合得來。同理心顧名思義就是能體會、能對他人感同身受，但同理心往往會在感受他人情緒時帶來危險，甚至為此而不顧自己個人的需要。與凱西相似的女人經常會吸引到個性完全相反的人——沒有同理心，像是反社交者和自戀者。

凱西非常了解馬修的痛苦，他總是看起來悶悶不樂，她問他一切還好嗎，他便藉此向她傾吐自己不愉快的婚姻生活，他不論做了多少讓妻子開心的事，妻子從未表示過感謝。凱西自覺需要安慰他，當然她很同情他的處境，他是一個這麼好的人。沒過多久，她已經為了安慰他做了許多的事，馬修自身痛苦和她為他而痛之間的界線已然模糊。她意識到自己犯下大錯時，早已深陷在這發展成熟的婚外情了。有趣的是，如今她做得再多也取悅不了馬修，在他眼裡她不論做什麼都不對，然後她才頓悟自己與他的妻子有同樣的感受——馬修一直不相信自己被充分的關懷、不被愛，不受關注，他永遠不滿足。

女人追求的是對方會注重自己感受和彼此之間是否有火花的感情，但這個男人可能只想填滿自身需要。有些男人自私又自以為是——他們只想和你保持肉體關係；但有些試著想填補情感需求的人，不會只注重肉體關係。如果他們被自己的妻子拒之門外，他們也可能覺得不被愛，不受重視，或甚至因此受傷。因此，他們就會抱持想解決問題的心態：「只要我祕密維持這段關係，就能維持快樂（或至少知足）的婚姻生活，全家人都開心。」這或許不是他潛意識所想，但很有可能是外遇的契機。

第二章提到的無法付出情感的男人，也是會外遇的典型已婚男子類型。如果你愛上已婚男，他最有可能是自戀型。自戀型的人會輕易哄騙他人，因為他們大多外型很吸引人，而且非常有個人特色，非常有自信。許多人和他們有任何互動（所謂的「零交集」現象）以前，就會對他們印象良好！諷刺的是，這些對他們的好印象隨時間拉長也會每況愈下。

出軌的已婚男士很容易對過往戀情避而不談，對現任妻子更是如此。他們也不願意坦然面對問題，欠缺主動解決問題的技巧。他們不喜歡衝突，他們會找婚外對象來滿足自己的需求，或是把這當成處理問題的方法。這些人通常來自失常的家庭，他們的父母可能也曾出軌，或是他們看見自己父母之間相敬如賓，不親不愛。

你正交往的已婚男士很有可能投機地選擇你當做對象。他或許對你多少有點感情，但問題在於他只是享受肉體方面的愉悅，與這段關係帶來的刺激感，他沉醉在這段關係帶來的幻想和樂趣。如果他確實為了你與妻子離婚，你們發展成正常的戀愛關係，在這種刻板模式下，他就會對你的叨念、愛花錢或經前症候群不耐煩，你也會對他總是把衣物亂丟在地上、經常大聲放屁、每週日為了足球賽完全不理你而厭煩。如果他真的是自戀型，你交往的就是嚴重遲鈍、自私自利且操縱人心的人。

神乎奇想

會背叛妻子的男人當然不是「好男人」，他們是不忠的男人。你與這類男人交往時很容易會有「神乎奇想」。這種「神乎奇想」可能會在你認為這個人不算單身，只是無法付出情感時出現。下面就是這類「奇想」的範例：

- ◆他是真的愛我，他跟她結婚是個錯誤。
- ◆只要我們能真正地在一起，他絕對不會背叛我。
- ◆他的妻子肯定非常＿＿＿＿＿＿（請自行填空：暴躁、冷漠、囉嗦……）

◆他就是我的靈魂伴侶，我不可能再找到這樣的人了。

◆我們之間有特別的羈絆。

◆我該體諒他，因為他＿＿＿＿＿（請自行填空：有孩子、處境艱難……）。

◆我可以給他快樂，而她做不到。

你發現了嗎？這樣的奇想會讓你對這個人有無限循環的期待和失望。

外遇對象常見的威脅

外遇對象容易出現一種以上的感受，以下列舉幾種：

◆經常感到寂寞孤單，你可能不能讓朋友或家人知道，只能默默承受。

◆已婚的一方會刺激你陷入三種不安全依附類型之一。

◆你們相遇時可能不知道他已婚，現在你愛上他，已經難以自拔。

◆因為你交往的是已婚者，所以承受了龐大的焦慮感（恐懼、反思）。

◆你發現自己的價值觀與自己的行為不符。

◆你試著專注在這段關係的正向層面，思索能維持下去的理由。

◆你花了大量時間、資源和氣力在這段關係上，因此更難看清真相。

他妻子是怎麼樣的人呢？

你可能對他的妻子非常好奇，你視她為擋住自己幸福之路的勁敵。你可能其實認識她，或者她是個陌生人。不論如何，你對於她的觀點和了解都是立基於他告訴你（以及沒跟你說）的部分。若他有和你談論妻子，你可能聽到的都是她做了什麼糟糕的事。如果你認識她，而且從你的經驗來看她很好，那你可能不知道該做何感想。他口中的她似乎跟你看到、認識的人不一樣。如果你不認識她，就會很容易相信他那充滿說服力的說詞。事實上，你會盡你所能不去喜歡她，還會想努力證明只有你才能讓他開心。這正是讓你持續深陷惡性循環的環節之一。

有的男人甚至不會提到妻子。他們拒絕討論她，或是很懂得迴避任何對他們兩人婚姻的問題。他們有高超的「四兩撥千斤」技巧，會讓你瘋掉！而你將無所不用其極的想找出關於她的事，也會尋找任何理由去想她的不好，以此來合理化自己和她丈夫交往的行為。

戴安娜就是如此。她已經和已婚的強生偷偷交往好幾個月，他不肯告訴她為什麼自己的婚姻不幸福。她偷偷追蹤強生妻子的臉書帳號，發現她們之間有共同的好友。起先，她非常驚豔對方竟是這麼美麗的人，甚至在共同的好友也對她非常肯定，描述她總是想得周到、人很好時而感到傷心。

你的他會解釋自己想外遇，這有幾種主要原因（藉口？）。在此我將這些理由列出來，好讓你在聽到這些說詞時意識到自己正試圖讓他的這段外遇開花結果。

◆「我不再愛她了。」他可能完全不懂所謂穩定長期的感情需要什麼樣的愛。他認定愛就是性。

◆「她從來不想做愛」或者「跟她上床很無趣」。對許多人來說，婚姻裡性愛的新鮮感和興奮感永遠比不上外遇性愛，儘管他的配偶可能也是非常迷人、性感……不過這不是重點。

◆「她根本不愛惜自己」或「她變得很肥胖」。你的他會強調她不討喜的外型特徵，以及她如何放縱自己。

◆「她根本不懂我。」這是最常見的說法，可能也是一大謊言。妻子當然了解他，就是太了解他了讓他厭煩。

◆「她只會一直唸，像老太婆一樣。」某程度來說這可能是事實，但是我身為婚姻治療師，我可以說婚姻裡當一方越是冷漠、越是迴避，另一半就會唸得更多，追問更多取得親密感、連結感。

◆「她不懂得珍惜我。」這通常也是事實，但這可不是外遇行為的藉口。外遇不會是婚姻問題的解套之法。

◆「她精神有問題。」這可能是指他的妻子有生理或精神上（或兩者皆有）的疾病。你或許會擔心如果他離婚了妻子該怎麼辦，他或許也會擔心離婚的話妻子會出現更嚴重的反應或崩潰。

如果他告訴你，他和妻子對這段婚姻都不滿但不會離婚，你可能會聽到這些理由：

◆「離婚的話我付不出錢。」碰到非常大的財務變化時，確實會成為訴請離婚的障礙。許多丈夫會擔心自己要如何負擔兩個家庭或贍養費；妻子也會擔心收入驟減後要如何過生活。或許還有其他跟金錢有關的複雜原因，錢確實能讓兩個不開心的人繼續維持婚姻關係。

◆「我太太生病了。」男人通常不會想離開患有慢性疾病或身心很脆弱的妻子。如果對方常處於自殺或嚴重憂鬱的風險，他可能不會想分手。

◆「我可能永遠見不到孩子。」他可能會怕妻子不讓他見孩子或是他拿不到公平的探視權。他可能已經和律師討論過，知道自己確實該擔心這一點。或是他可能會告訴你「這樣做會讓孩子傷心」，他害怕離婚造成的傷害或變化會傷害到孩子，如果他不離婚就是希望有緊密的家庭，認為這對孩子最好。

◆「為了你和我太太離婚，會嚴重影響到我的事業、聲譽、我在朋友家人心中的印象、客戶對我的想法」。

戀愛災難

和已婚男交往，你就成為戀愛災難。所謂的災難可能是以下三種：❶他最後甩了你；❷他妻子發現了，然後他拋棄你；或者❸他為了你與妻子分手，但在一起後你受不了，所有對他的愛燃燒殆盡。現在就來看看這三種情況吧。

為什麼他最後甩掉你？記得嗎？再傳統的戀愛也會因不同理由分開。他或許是覺得對你承諾或和你相處時倍感壓力所以和你分手；他可能是因為強烈的罪惡感因此甩了你；或許他就不愛你了所以決定分手。假設他的妻子發現了，或者她多少都知情只是直到現在才決定拆穿。如果她失去理智，決定向你報復呢？

瑪西發現自己的丈夫——備受尊崇的非營利組織營運長丹，背著她與員工有染。某天她氣急敗壞地到他辦公室，徹底翻箱倒櫃，弄得烏煙瘴氣。他當下立刻與那位外遇員工一同被公司開除。這起事件立即將他們的世界弄得一團糟。因為聲譽下跌，他得奔走全國四處求職，他再也無法負擔豪華的房子，被迫得和室友搬進小公寓。此事件還成為長時間被人說長道短的八卦議題。這範例或許是很極端，但這確實發生了，而且還很容易發生在你身上。

若他的妻子發現了，他會面臨該不該離婚的決定。要做出決定耗費的心力很龐大，他可能同時對你和妻子都有感情，但他確實對妻子給予承諾，如果他們共同孕育了孩子，那他就很容易偏向不離婚，而非與妻子分手。無論如何，這都會對他自己產生嚴重的危機和折磨。這個階段他可能甚至要與妻子一同尋求婚姻治療，事實上，他或許要你在他想辦法解決的期間「嚴陣以待」。我曾經見過男人們見識到妻子因他外遇如何痛苦，而與妻子來找我治療。這些男人在外遇之前，從不知道妻子是如何愛著自己，通常他們此時會意識到，一直以來都視彼此太理所當然了。

史提夫與凱特結婚十五年了，他們一共有兩個孩子。他和凱特在一起時雖然不至於不開心，但他心裡認為凱特一直追求的是浪漫、親密感。她一直想好好跟他聊一聊，希望藉此改善他們之間的溝通。史提夫相對來說比較冷淡，他不喜歡討論這些問題，如果他與凱特有爭吵，他覺得最好是裝作沒事，讓氣氛緩和就好。

史提夫在工作場合認識了喬蒂，他發現跟她很聊得來。她從來不會提任何嚴肅的話題，而且為人風趣。無法與妻子成熟溝通的史提夫於是外遇了，這段感情讓他忘卻嚴肅的日常家庭生活。凱特發現真相後非常痛苦，她一直以來都只是愛著史提夫，她不懂為什麼他要這樣對待自己。

妳從他那裡了解的、在有限資訊下拼湊出來的故事，並非全然的事實。更重要的是，妳值得一位能全心全意為你付出情感的對象。妳也值得誠實、完全不隱藏祕密的感情，不是這樣的戀情就不該死心塌地。

本書會有很多章節探討為什麼女人會繼續與無法付出情感的人在一起。然而說到已婚男子，我們也該檢視一些之所以讓你持續留守的特殊原因。最重要的特殊原因就是他給你承諾、答應結婚或是他說一定會為了你離開妻子。對此你可能有不同看法，在他眼中，你們之間就是長期祕密交往的關係，你則認為這是戀愛，所以對日後有所期待。他或許還會提出一個時間表，但你可能會發現這時間表不斷地被推遲、延後。你可能會聽到許多現在還不是時候的理由，但同時你就只能等待，繼續的等。若你想生小孩，你可能也得被迫放棄，同時還繼續等。再說一次，你值得更完整的感情生活。你的目標該有一位人生伴侶支持，且他會看重這個目標，而非為了他妥協。

姑且說他確實因為婚姻諮商失敗、中年危機或是自己個人決定，為了你與妻子分開吧，但不幸的是你們之間的感情也可能註定會失敗。或許聽來是我在挖苦你，但我可以向你保證，這是對之後可能發生的結局最誠實、直接、現實的評估。就如先前提到，從婚外情發展的感情最終能開花結果的機率微乎其微——因為太過微小，我無法昧著良心建議你賭下去。

感情註定失敗的原因：

原因1：一開始就不順利。這段感情立基在欺騙和謊言上，聽起來會是好的開始嗎？我不確定想找愛情的女人（或男人）會說「我想找的是不誠實的對象」。

原因2：你活在幻想中。你確實受他青睞。你們相處時都會做有趣、浪漫或很火熱的事。這段感情可能很有新鮮感，令你每次見到他時腦內就充滿更多腦內啡。其實你沒有看過全部的他，因此建立對他的假想印象。

原因3：你已經介入他的日常生活中。若他正面臨危機，因此無法為你放棄婚姻，他可能不像以前那樣的風趣或令人興奮。床上的他可能開始有些障礙，你將能看見他所有的習慣、怪癖和一些情緒變化。你或許不喜歡這些細節，你或許會決定不再喜歡他了。

原因4：你們現在一天到晚都在一起後，他發現你不是對的人。如果他也和其他外遇的男人一樣，那他已婚時招惹你有其目的，但現在他已經不再需要你了。或者說，因為現在穩定交往了，他（或你）決定彼此不再合適。

原因5：他的家人、孩子或朋友都不喜歡你。你被他們視為破壞家庭者或更糟的人。你可能不受他的家人或朋友歡迎。如果他很認真的決定和你結婚或同居，你已經準備好要當繼母了嗎？你認為這段關係轉變會對孩子毫無影響嗎？就算是最健全的再婚關係，繼子都會增添更龐大的壓力。

原因6：好男人才不會搞外遇。好男人會好好處理婚姻問題。他不會因為現在和你在一起就神奇地轉變成好男人。他的所作所為——不論是不道德、自戀、自我中心或就是混蛋——不論他是已婚、離了婚或單身，都是他的一部分。

原因7：你真的會相信他嗎？既然現在你獲得了這個男人，你是否真心覺得他不會再出軌呢？即便他現在和你在一起，你可能也無法確實放下武裝，好好放鬆。

原因8：你永遠都是「另一個女人」。任何在這種情況下見過你或認識你的人永遠不會對你有其他印象。雖然這是不公平，但這段關係的影響力非常大，更是會跟你一輩子的事情之一。

原因9：你可能會因為整起事件而備感譴責。如果他現在已經被家人朋友唾棄，你可能會覺得很糟。這種罪惡感其實是對的，因為這意謂你知道自己是造成問題的部分原因，你確實做錯了。可是這種罪惡感會不斷啃噬著你，持續帶給你晦暗的陰影。

原因10：如果他和前妻擁有孩子，那前妻永遠會出現在你的生活中。如果揭穿外遇和後來的離婚震懾了她，你可能會成為她憤怒的目標。她可能內心仍然覺得震驚且絕望，她的世界就此破碎，而且她還深陷悲傷。如果她仍讓他過得很不好，這對你可能會有直接或間接的影響。

你或許開始意識到自己招惹到的不只是已婚男本人而已，那要如何解套呢？你可能已經嘗試很多次，但最後又回到他身邊；你可能對這段感情多番游移不定，或是你還默默期望這段感情能在你全心全意之下開花結果。

如果你已經決定要從這感情中脫身，我為你喝采。要成功脫身，你得好好正視自己。你需要知道自己會捲入這種境況的根本原因。如果你目前也處於任何一種不健康的戀愛關係，不論對方是無法付出情感、會對你精神虐待、上癮者或有任何可怕的行為，這方法都適用。你需要深度了解為什麼自己會「迷上」特定不健康的行為，或是為何註定談上這種不見得是同樣情況，但卻類似的重複模式戀愛。

Chapter 04

或許就是你

讓自己陷入痛苦處境中

為什麼有女人會持續讓自己陷入如此痛苦的處境呢？這問題可能無法獲得完整解答，但我們可以探討一些潛在理由。照鏡子看清自己可沒那麼簡單，大部分的人可能會迴避，或是因為不需要所以拒絕去做。人們對於「自我知覺」這個概念的認識程度可能差異甚廣，有的人非常了解，也有的人完全不知道這是什麼意思，同樣都是人，有人心理層面非常健康，也有人心理層面嚴重失調。無疑的是，人們在決定要改變時的動機、能力也有極大差距。這種情境下，我想請讀者們保留寬闊的心胸，好好探索、思索本章接下來的內容。

先來一一分析你會重複愛上不會或無法愛上你的男人的原因吧。我要再強調一次這個議題其實艱澀難解。討論的過程中可能會引起悲傷、憤怒或羞恥的感覺，不過這是正常的，因為既然要詳細檢視我們犯下的錯，就不可能不帶有這些情緒，出現這些感受的好處在於，情緒正是一大動因。想想你這一生目前做過的任何事吧，如果你自己沒有感到要去做，就不會去做！通常我們唯一不為情緒而為之的時候，是為了避免受到懲處或其他不好的結果。奇怪的是，處於不良感情狀態的人會因為許多反效果而覺得痛苦，但他們仍會繼續堅持下去。一說到心意，我們的感覺就會引導我們去做能讓自己感覺舒服的事。因此，現在我們來討論一些讓你做出感情選擇的原因。

你才是避免有親密感的那一方（而不是他）

你習慣迴避真正的愛以求保護自己，這也是避免自己受傷的方法。不過你怎樣都會受傷，所以這種方式聽起來有點違背直覺，但你可能想讓自己能處於沒有真正風險的戀愛。這一類的感情很難深入，你不需要深入了解對方，他也不需要真正了解你。想要戀愛與想要有親密的情感羈絆是兩碼子事。

追求一位不可能發展的對象遂成為權衡交易。你能按自己的需要，滿足自己想與他人有所連結，同時保護自己脆弱易感的感受。持續迷戀無法真正對你表露心意的人，讓你能感受到戀愛才有的激情，又不帶有最終的承諾。可是這種狀況下，更慘的是你通常看不見可能就站在你眼前的命中註定之人！

泰樂就是避免有親密感的那一位，她也不知道為什麼自己會這樣。畢竟她和杭特已經在一起三年了。泰樂擁有自己的事業，而且經營得不錯。她有很多的朋友，也有自己的愛好興趣。泰樂和杭特都很努力工作，但兩人的工作時間通常無法配合，儘管同居在一起，他們彼此見到面的機會並不多。她認為他們的感情還可以，但不到很美好。他們相處時很合得來也頗開心，但這段感情並沒有深度，他們之間的對話都很淺薄。當泰樂思考自己的未來時，她無法想像自己和杭特結婚（即便她始終想結婚、生小孩），但她也找不到任何正當理由與杭特分手。她心裡很清楚杭特永遠不會想分手。

泰樂的父母自她八歲時就離異了，她母親在離婚後又結了四次婚，父親也與年齡只有他一半的女人再婚。她還是青少年時，父親更曾因為白領犯罪而入獄一段時間。她的人生因為身邊這些不可靠且言行不一的大人而不太平靜。

這可能就是泰樂一直和杭特繼續在一起的原因。她不認為自己很愛杭特，可是她無法就這樣甩掉這麼一位始終如一、可靠的好男人，所以她就樂於待在無風無雨的感情狀態中，與安全的杭特繼續在一起。杭特完全不會讓她產生依附恐懼，他對她來說具有非常低的情感風險。她繼續和杭特在一起也不是不對，但是她否認自己對愛情和深層羈絆的需求，她無視自己對婚姻和生兒育女的夢想，她一直躲在這段感情裡，只想著自己永遠不會受傷。事實上，他們雙方都躲在這個舒適圈裡。

以下是可能避免親密情感的典型徵兆：

◆你認為真愛或靈魂伴侶只有一個。

◆對於願意給予承諾的對象，你有特別多的條件清單。

◆才剛戀愛你就會對對方投懷送抱。
◆你挑選的對象都住超遠。
◆約會時你會喝很多酒，或是灌醉自己。
◆被問到很私人的問題時，你很容易感到不自在。
◆你通常只願意聊很膚淺或無傷大雅的話題。
◆你可能可以和別人相處得很快樂，但你不想有更進一步的關係。
◆要加班你完全沒問題，或者因為工作取消約會你也不介意。
◆各方面來看你很容易「自處」，很可靠。
◆你很容易因為太強硬或太有主見而令人生畏。
◆你可能非常敏感，特別是你很怕別人批評、不認同或拒絕。
◆你明知道不該和這個人在一起，但你們已經在一起太久了。

你偏好轟轟烈烈的感情

你很著迷於你追我跑或是亂七八糟的感情。一段感情潛在的情節發展遠比實際情況來得更重要。當你處於這類感情的巔峰時期時，你可能會因為清醒感知到現實層面而崩潰。迷幻消逝之時，現實人生再次上演。

對某些人來說，這是對於單戀的渴望。若能延長這段追求過程，就不需要面對激情過後冷卻時的「反高潮情緒」。這種戀愛可以刺激出高潮迭起的感情，為你生活裡無趣的其他面向提供樂趣。

我曾聽過不少女人描述自己長期處於八點檔劇情般的感情狀態，平和安穩對她們來說反而無聊至極。小說般高潮迭起的感情發展可以引起他人的注意和同情，「噢，可憐的艾比，她的男人運總是不好！」但實際上艾比的狀況是如何呢？

艾比總認為自己的戀愛運很糟，她似乎一直遇上壞男人。她的前三次約會經驗結果是這樣的：一開始是諾亞，她馬上就被他迷得神魂顛倒，第二次約會就上床。諾亞隔天沒打電話給她時，她就瘋了，發了一封用字不雅的簡訊給他，罵他是個占人便宜的混蛋。她把這件事告訴所有朋友，表明自己不敢相信這男人這樣對她，因為這件事她無法專心工作，主管也發現這一點，當天就私下譴責了她的工作態度。緊接著，奧立佛的出現讓她忘記諾亞的事，她也是立刻就覺得奧立佛很棒、很迷人。這次她等了一個禮拜才和他上床，奧立佛雖然隔天有打電話給她，但那之後也就意興闌珊。艾比雖然很不開心，但她沒有直接向奧立佛表態，反而馬上和還有聯絡的前男友們牽扯不清，甚至某天喝醉後「不小心」和其中一位上了床。她發誓自己不會再這樣做，因為她是真心喜歡奧立佛。然而，奧立佛輾轉發現這件事於是甩了艾比。艾比受不了打擊，決定要找出是誰打小報告，決心報復對方。奧立佛封鎖她的電話和社群媒體聯絡管道，更是讓她憤怒。某天半夜她到了奧立佛的公寓，對著他家緊閉的前門謾罵、嘶吼（因為他不肯開門）。隔天她非常後悔，向所有朋友哭訴自己這陣子如何被「每個人」欺負。然而朋友們甚至也不買帳，很怕聽到她的不幸。

艾比安逸於混亂之中，她完全不懂得何謂平靜。她從小長大時，因為父親不負責任的行為被迫全家搬家八次，她經常在要睡覺時聽見父母大吵大鬧。母親後來終於放棄，在她十二歲時和丈夫離婚，之後是一段長期又疲乏的監護權之爭和財務糾紛。艾比經常成為父母之間的人球，常常聽見他們雙方彼此相互叫囂謾罵，於是她花了很多時間與朋友混在一起，或者抽大麻好逃離這一切。

因為我們知道艾比的出生背景，所以她長大後的行為情有可原。然而，我們也知道這無法幫她獲得自己真正想要和需要的事物：穩定和愛情。除非她意識到自己傾向這種高潮迭起的感情，以及背後的原因，不然她可能無法採取更實際、健全的約會模式。

以下是你喜好轟轟烈烈感情模式的典型徵兆：

◆你會投入任何會影響正常能力（吃飯、睡覺、工作等等）的行為。

◆你認為常態就是無聊。

◆你無法克制自己去做有害或不合邏輯的行為。

◆不只是感情方面，你無法和他人好好劃清界線。

◆你身上經常發生多重危機，無法「安定」太久。

◆別人注意力放在你身上或是對你感到同情時你覺得很棒。

◆和別人爭吵或爭吵時要他人支持你時，你會很快就情緒高昂或很容易崩潰。

◆過去所有糟糕的感情關係裡，包括和家人與朋友的關係中，你似乎是關係變壞的源頭。

◆事情發展太順利或是活太安穩時，你就覺得「不對勁」。

◆事情沒有照你所想發展，或是不如你預期時，你很難回到正軌。

◆當你偷偷得知某個認識的人的八卦消息時，你會以此為樂，甚至引起大亂。

◆別人會說你很愛「小題大做」或類似的話。

你的過往揮之不去

你很有可能因為過去有痛苦且失望的感情經歷，隨時間變化而對愛情產生恐懼，這可能反映出有負面的性愛影響或精神虐待，這也可能因為本來就對過往經歷敏感而加劇。這些情況都讓你容易在與無法付出情感男人交往時受到影響。因為受困在如此痛苦循環，你可能得以在不受影響的狀態下感受到愛或激情，讓自己處在能接近滿足他們的同時滿足自己的需要，可是活在過去還是會讓今日的你找不到真愛。

克蘿伊因為兒時經歷無法擺脫陰影，她在大約十歲時生活遭逢一大巨變。她的父親得了癌症末期，讓全家人非常痛苦。自她懂事以來，父母一直婚姻美滿，於是當父親生病逐漸邁向死亡時，母親挺身而出照顧他，但她敬愛的父親卻開始脾氣變壞，變得苛刻。他原本不是這樣的，母親跟她說，爸爸只是因為生病而且害怕死掉所以才不開心。沒多久，不管克蘿伊做什麼爸爸都覺得不對。當他過世後，克蘿伊認為自己是壞女兒，根本不值得擁有一個父親。她於是陷入憂鬱，經確診是輕鬱症。她完全喪失自尊心，不僅悲觀，而且一直處於沮喪的狀態。後來只要工作被批評，或是朋友對她指指點點，她就會陷入深沉的憂鬱。於是有些人就開始遠離她，因為她總是很負面，只會一直抱怨。

當她遇上班恩的時候，以為事情會多少好轉。他讓她大笑，讓她覺得自己很重要。他們在一起幾個月後，她便自然覺得能夠舒適的做自己。可是，「她自己」就是會抱怨一大堆，有很多負面思考。班恩嘗試想好好和她說明這個狀況，但她無法承受這些意見，非常沮喪地說：「那就跟我分手啊。我知道我對你來說不夠好！」如果班恩建議她尋求幫助來解決「父親的事」，她會拒絕，表示自己就能夠處理好。最後班恩真的無法忍受，和克蘿伊分手。

克蘿伊無法看清自己受過去而苦，她成長期間因為這些可怕經驗而苦並不是她的錯，但她長大後仍舊緊抓著這受害者心態。如此負面能量會把所有她愛的人拒之在外，好比班恩一樣。

以下是你受過往而苦會有的典型徵兆：

◆你一直埋怨、發牢騷。
◆只要事情沒照你所想，你就會憤怒、怨恨。
◆人們都說你很負面，或是你知道自己很悲觀。
◆你無法接受別人的評價或意見。

- 你一直保留著他過去留下來而且毫無意義的事物（例如衣物、卡片、前任男友的照片）。
- 目前為止你已經錯過許多得來不易的好機會。
- 你寧願繼續痛苦也不願尋求協助。
- 你一直保有怨恨。
- 曾有人對你說「放下吧」。
- 你似乎不知道自己真正要的是什麼。
- 你通常很難做出決定。
- 你仍然會經常談到或關注前男友。
- 你會一直回想過往不好的事情，特別是兒時經歷。

你會過度防衛自我

根據許多理論學家，人們會為了避免感到困擾和沒有安全感時啟用防衛機制。有些防衛確實對我們有幫助，可以讓我們在生活變得困難時更懂得應對。然而，有的防衛——特別是「投射」和「否認」，會破壞我們的人際關係，這些是我們毫無意識且不知不覺會做出的防衛方式。

投射是心理學用詞，通常是指我們看見他人身上的行為、事物，但實際上發生在我們自己身上。例如你認為另一半不夠貼心，但實際上你可能才是不夠貼心的那一個。投射也會在我們從特定距離稱讚某人時強烈表現出來。我們不會發現這個缺點，但和這個人相處越久，這特徵就會越來越明顯。

否認則是保護我們自己的激烈方式。我們會否認情境的真實狀況：我不認為正在發生，那就沒有發生。這種方式下的防衛機制與我們潛意識想法毫無關係，我們也得以防止感到焦慮。例如你愛的人和你在一起時並不開心，那只要假裝一切沒事就可以了，你也能避免得直接面對這件事。

防衛機制所探討的另一個概念則是「強迫性重複」。這指的是為了想重寫歷史，一生中會不斷重複過往負面情境，包括重演特定情境，或是讓自己處在會得到類似結果的情況中。此概念旨在能最終熬過受創的情境，就如你可能猜想到了，通常要破解的往往是父母／子女的親子關係。

吉娜在她的人際關係選擇上表現出強烈的防衛機制。她的雙親讓她有根深蒂固的被排斥感。他們一直都是「小孩聽話就好」的態度，她是獨生女，更是非計畫懷孕下出生的孩子。她會為了取得父母的注意力做出不同的行為，有時候會成功但往往曇花一現。

吉娜的狀況就是典型的強迫性重複者。她談戀愛的對象經常是不太會關注她的男人。她也會為了改變這狀況不斷嘗試任何行為。她會為了他們打扮性感、做飯、給愛心紙條等其他甜蜜的行為。不過她做的這些努力永遠無法讓她與這些男人有更深的情感交流，甚至一樣覺得被排斥在外。她的否認讓她看不見自己總是愛上無法與她有所交流的男人。她不斷重複著曾在家裡發生的情境，當然始終只能得到相同結果！

這類防衛過程不僅狡猾而且影響力很大，還會讓你身邊的人感到挫敗。更重要的是，如果你停止傷害自己，就能有找到真愛的真正機會。來看看如果你會過度防衛自己會有的徵兆：

你會投射的徵兆：

◆你從不承認自己有錯。

◆你很難承認自己做錯事。
◆你認為身邊的人其實都不喜歡你。
◆社交場合你會感到不安。
◆其他人覺得無所謂的事你會反應過度。
◆明明沒有什麼證據，你還是會控訴另一半背叛你或不值得信任。
◆其他人犯錯，特別是你的另一半犯錯時，你會緊抓不放。
◆其他人曾以你批判另一半的方式描述你。

你會否認的徵兆：
◆你想控制無法掌控的事物。
◆你會忽視或簡化問題，認為之後就會沒事了。
◆你有偷偷摸摸的行為。
◆你不想聽見其他人的意見。
◆你身邊有很多「來者不拒」的人，這樣你就不會因為他人的回應或對你行為的批判而感到被挑戰。

◆你想改變、嘗試新或不同事物時會相當固執。
◆你通常會表現得完全不在乎。
◆事情失控時你不喜歡尋求協助。
◆其他人關心你或你的人際關係時，你會武裝自己或直接生氣。
◆談戀愛時你會關注那些少之又少的美好時光，而非其他不好的事物，以求避免面對現實。

你有「強迫性重複」的徵兆：
◆你習慣找類似父親的對象談戀愛。
◆他和你雙親類似的部分正是他的缺點或有缺陷的行為。
◆你認為自己能矯正他的缺陷。
◆每次談戀愛你似乎都會做出曾經在父母之間看過的互動模式。

找出能意識到這些防衛機制的方法，才能讓你停止做出這些行為。這類認知也能讓你正視自己童年並不完美帶來的感受。擺脫陰影，有意識地接受自己的過往，才能幫你在未來做出更好的戀愛選擇。

你受不了孤單寂寞

如果你無法自己獨處，你得花更多心力避免讓自己隻身一人。有一個人在身邊好過於沒有任何人在，只有自己一個人會讓你覺得孤單，而孤單會讓你寂寞痛苦，此時你可能就會和不適合的人在一起，或是你可能已經和不對的對象在一起太久了。你或許還會取悅男人或把你自己變成他想要的樣子，這樣他就不會離開你了。

害怕孤單絕對是能讓你成功忍受另一半不良行為的方法。只要你身邊能有一個「溫暖的肉體」你就無所謂。可是，這卻是另一個讓你無法找到真愛的方式。這可能是人之所以會繼續和對他們不好的對象在一起最常見的原因之一，第八章將會詳細討論這部分。

以下是你受不了孤單的典型徵兆：

◆你認為單身就是悲哀或是可怕。

- 自己一個人時很快就會覺得憂鬱。
- 自己一個人做事時你會覺得很不安。
- 孤單時就會讓你焦慮、害怕。
- 你會用盡所有心力避免失戀。
- 你非常擔心別人對你的看法。
- 你容易對他人不信任。

你認為自己的愛能改變他

當女人認為自己的愛就是另一半付不出感情的解藥時，她其實是全心全意進入了幻想狀態。一九八五年羅賓．諾伍德曾寫了一本書《掙脫愛的枷鎖：癡戀女子的康復計畫》（*Women Who Love Too Much: When You Keep Wishing and Hoping He'll Change*）就是探討此主題的暢銷作品。作者的主張是女人往往因為沒有得到父母的愛而追求愛情。重點在於這類女人經歷過移轉的過程：她們將自己對愛、安全感和喜歡的需要，以衝動或著迷的轉嫁在男人身上。但正如你可能猜想到的，這些女人永遠無法在付不出感情的男人身上滿足自己的需要。

諾伍德的著作大致描述了與你類似，而且適用在你身上的「上癮／相互依存模式」。如果這種上癮模式正確（當然是可行的），女人就會對另一個人上癮。如果進一步思考這種上癮模式，我們知道這種上癮當然包括行為後的結果。要想知道自己是否有上癮的狀況，就得問問自己現在承受的結果是什麼？它們是否都是負面的影響？你是否有從自己的行為中獲得任何正向影響？我猜你的行為使你更痛苦、更難熬。你和他之間的結局當然不該全然怪你——我們當然可以探討其中的文化、社會、性別型態等等的原因，但如果你認為自己能透過愛——或是其他方法改變一個人就夠了，這絕對幫不了你。俗話說得好：你只能改變自己，不可能改變其他人。

以下是你認為自己的愛能改變他的典型徵兆：

◆孩童時期，你的雙親之一無法付出情感、無法陪伴或是有潛在的虐待問題。
◆一般來說都是由你掌控全局。
◆你從事的是協助他人的專業工作。
◆儘管問題本來就無法掌控，你會因為犯錯而立刻怪罪自己。

◆面對冷漠、毫無回應、絕情或不善良的男人，你會有想改變他的衝動。
◆戀愛時你覺得無法控制自己的行為。
◆你對愛慕的對象類型很著迷。
◆戀愛時你經常會想要如何才能滿足自己的需要。
◆有時你認為必須要用心機才能滿足自己的需求。
◆對於經常重複交往的男人類型，你感到無能為力。

你覺得自己很爛

覺得自己很爛也是所謂的「自卑」。你自卑時會感到缺乏自信，或者覺得自己不值得、做不到或比不上。你甚至會覺得自己不該被愛，或是本來就不該被好好對待。此外，這種感覺會讓你更加自卑，更會以此負面的自我概念做出人生抉擇，包括談戀愛。

或許你不是總吸引到錯誤的男人，但因為你不愛自己，你已經準備好接受錯誤的對象。如果你不知道自己的珍貴，其他人又怎麼會知道呢？不論你是否自重，要自己愛自己只能有所行動。這意謂要在面對恐懼或認為自己會失敗時，不論腦中有什麼樣的負面聲音，都要懂得冒風險和把握機會。如果你無法離開舒適圈，就會持續產生這種毀滅性的自我設想。

以下是你覺得自己很爛的典型徵兆：

- ◆你的家庭讓你覺得自己永遠不夠好，或是你就是得承受眾多批評。
- ◆你認為好的人際關係可以幫助你產生自己想要的感覺。
- ◆你不認為有任何人真的會愛你。
- ◆照鏡子時，你認為自己不迷人或是很胖。
- ◆你不認為自己很聰明。
- ◆你無法慶賀自己的成就。
- ◆你無法列出自己的強項或正向特質。
- ◆你認為一旦有人認識真正的你就不會愛你了。
- ◆寧濫勿缺好過寧缺勿濫。
- ◆一提到自我揭露（self-disclosure）你就會武裝自己。
- ◆儘管你不確定自己犯了什麼錯，你經常會道歉。

◆曾有其他人說你很黏人。
◆對於被排斥或批評你會極其敏感。
◆你總愛取悅他人，無法拒絕別人或自己做決定。
◆你會花大把金錢在自己的外表和打扮上，或是相反：你完全不在意自己的外表。
◆為了配合另一半，你放棄了自己的夢想和目標。

別人的永遠都比較好

當我們無法擁有自己想要的，我們就會更想要。當我們偶然獲得一點甜頭（麵包屑），比起我們無法擁有，我們就會想要的更多。無法預料的曖昧帶來的情緒起伏，會讓我們處於所謂行為學習的「間歇強化時程（intermittent reinforcement schedule）」中。這種時程容易引誘你做出回應，因為你永遠不知道何時能獲得獎賞。這種獎賞（即他的注意力）有時候會在你有追求或反抗行為之後出現，但不是每次都能成功。間歇強化時程最佳的例子就好比在賭場裡玩吃角子老虎，正因為玩得越多，就更有可能獲得獎賞，因此人們就會著迷在該遊戲上。

你有尚未治療的心理疾病

你是否有任何尚未治療的心理疾病，因此無法好好談戀愛？你可能還不知道，目前你有過的症狀可能正是臨床醫學上的憂鬱、焦慮失調、雙極性疾患（躁鬱症）、藥物上癮、創傷或人格障礙。你可能患有心理失調、上癮同時還有其他本章提到的現象，這並非如你所想那般的不正常。

如果你目前沒有被善待、你給的愛得不到回報，或者他直接告訴你不想要見到你，你卻堅持想得到（或試著想得到）自己要的，那你已經出現戀愛強迫。如果你的行為包括持續性侵入或被拒絕的追求，那這可能更麻煩。如果這種追求使對方感到恐懼，就會升級成「跟蹤狂」，這樣一來就做得太過分，還可能影射有心理疾病或人格障礙。持續下去甚至還會讓你吃上官司。

心理障礙的症狀會在戀愛期間刺激引發，這並不代表該段戀愛關係正是病因，反而可能加重潛在問題的嚴重性。更重要的是，如果診斷後確實有生理判準，那你可能得靠藥物治療。

我無法在本書裡提供任何可能正影響到你的完整心理障礙症狀清單，因為有太多可能性了。如果你認為自己有心理健康方面的障礙，你只能透過執業的心理健康專家取得診斷，之後就能進一步有診療方案做特定診察，找出其他原因，包括你可能也有的人際關係狀況。第十二章我們將會詳加探討。

如果你真的想要一段重承諾的戀愛關係，請記得除非你和對方有同樣感受，不然這不可能會實現。重要的是好好看清自己，找出是什麼原因讓你無法獲得真愛。最好的方法便是開始回想自己原生家庭一開始的樣貌，從這些早期樣貌確實能找出你在談戀愛時為什麼會有這些行為模式的根本原因。

Chapter 05

家族史的影響

你的原生家庭（Family of Origin，簡稱為ＦＯＯ）─亦即成長時所在的家庭─形塑、構成了你的為人。從ＦＯＯ（和兩代之間的影響）你會學習到許多至今影響日常行為的重要人生事物：如何溝通、如何理解並處理情緒、如何滿足自己的需求等等。在家庭中，你也會制定出對自己和世界的價值觀和信念。因此，毫無疑問的ＦＯＯ確實會對你的愛情生活有重大影響。

第二章大略提到的依附類型，會在男人和女人的戀愛選擇上扮演很重要的角色。深入了解依附類型的概念及其如何影響你的戀愛生活，對你會非常有用，可是我們也得考慮到任何你會遇上的不利事件，包括虐待、創傷、健康疾病、離婚或窮困。不論有意或無意，ＦＯＯ的影響都是你日後人生的湧流，在交朋友和戀愛上更是影響強大。對戀愛對象有特定期望是很常見的，儘管對方可能不自覺、做不到或不願意達到你的期望。因此，為了全盤了解你在成人人際關係上所抱持的信念和行為，那一定要調查出這些信念和行為最早發展起來的緣由。

要了解家族史和兒時生活背景有很多種方式，但這過程不僅繁瑣，而且會讓你從不光是了解家族歷史，還變成深入探究你如今所認知的一切這背後的轉變過程。當你從了解轉向深入生活與人際關係裡自己的行為變化時，你也能在這些層面達成目標。

我建議你在探索FOO時，隨時記錄或者找治療師協助，因為這過程很有可能會出現刺激情緒的事物，如果有治療師或者是親密且值得信賴的好友提供支持會很有幫助。如果你決定嘗試找治療師，執業的婚姻與家庭治療師都有接受過家庭動力（family dynamics）的相關訓練，能夠有所協助。FOO探索的重點將是你的戀愛模式和愛情對象選擇，將這一點謹記在心，當成探索的目的和理由。你現在正在閱讀本章，請問自己一個關鍵問題：我認為這些觀點會如何影響我的戀愛？

家庭規矩和界限

一提到家庭結構和分際，我們目前所知的大多來自心理學家薩爾瓦多．米紐慶（Salvador Minuchin）的研究成果。他解說了一個概念，家庭結構其實是一堆不言而喻的規矩和指令，由此來界定家庭成員如何彼此互動相處。他強調這些不需要言語表達或看不見的部分，因為這描繪了一個家庭內大部分的關係交流和溝通交換。不過這些規矩並不是不正常或病態，而是從健康到不健康都有的連續存在。舉例來說，你知道在家裡不能提起喬舅舅（母親兄弟裡最壞的那一個）、你知道假日來訪（不准來）的客人有誰，你還知道做事想得到許可要問爸爸或媽媽。這些隱藏式規矩其實對家庭的日常互動有很大的影響力，如果是不健康的規矩，那就可能在你成人後造成嚴重問題，極端的例子有與身體虐待、性虐待和精神虐待相關的隱藏式規矩／祕密，以及家庭裡的忽視和物質濫用問題。

家庭結構的核心取決於家庭界限，所謂的界限是指家庭成員之間的互動，以及誰可以（或不准）進入家庭系統。界限也會受到哪些成員彼此結盟而影響，例如父子或母女。家庭裡誰最有權力也很重要。家庭界限明確與否則由家庭中的功能層級或失衡程度來決定。

當你想到家人時，你還記得父母、兄弟姊妹、擴展家庭（extended family）①和外人之間的界限是什麼樣子呢？這些界限各自有其範疇，有的清楚、有的閒散，也有糾纏不清的狀況。

◆清楚的界限：存在明確、明白溝通且家庭成員都理解的權力和責任歸屬層級。清楚的界限能協助孩子發展出自制力，正常的社會功能，在家中也能感到被呵護、有安全感。清楚的界限是健康的界限。

◆閒散的界限：這類型的界限沒有直接溝通過，但確實隱含有嚴格的責任或權威所在，必須遵從。這類型的家庭裡，孩子不太能親近到父母，也無法表達感受和需要。家庭成員之間無法相互依賴，強調獨立自主。

◆糾纏不清的界限：這類家庭中，誰掌權、誰該負什麼責任並不明確。家庭成員經常會針對適當性有所溝通討論——比如說，有婚姻問題的母親，仰賴女兒的支持。這類型家庭裡不支持獨立和個體，雙親可能年少時就深受他人掌控進而延伸到他們成人生活中。

註①：擴展家庭是以傳統家庭為主的家庭結構，其組成不只夫妻與子女，而是連帶祖父母（或甚至其他親屬）在內的親屬關係。

珍娜回想自己的家庭時，她深信自己的家庭界限是閒散的，父母給她的感覺就是「傳統老派」。她父親掙錢養家，而母親則是家庭主婦，他們不太對孩子親親抱抱，但在珍娜的眼中母親非常深愛父親，他們相處時總是很開心。母親不太能管教珍娜和她弟弟，她總說：「等你爸爸下班回家就知道了！」而父親下班回到家時，從來沒有任何談話交流，直接就是嚴斥，有時甚至直接打罵。珍娜不太記得自己的童年，他們也很少全家出遊，但父母總是會一起去旅行。她的父母也不太會公然討論生活日常，往往都是她自己或是跟朋友聊天時才發現。

蒂娜認為自己的家庭界限既糾纏難解又不明確。這裡我說的糾纏難解，是因為她的父母總是對她管東管西，她毫無隱私，自小她就必須把自己的一切，以及生活發生的大小事都告訴父母親，而且這似乎毫無限制。她還記得自己年輕時，弟弟不只發現還讀了她的日記，明明就是很糟糕的事但父母卻應付了事，不當作一回事。她也記得，母親經常會和她的朋友們「一起出去玩」，還與她做相似的打扮，讓她非常丟人。蒂娜的母親知道她高中畢業後要去其他州讀大學時，就變得歇斯底里，而她因為自責所以改變了原本的讀書計畫，改去社區大學讀書——這讓她後悔一輩子。

家庭溝通

回想FOO時，你還記得家裡是如何溝通需要、感受、問題、規矩等資訊嗎？直接的溝通就是明確表達，在沒有絲毫誤解之下了解清楚。如果是間接溝通，你的父母很可能沒有明白、直接表達他們的感受，反而使用了批評、諷刺、不贊同的表情、玩笑話或是默然，來表達他們對你的看法。他們也可能在你試圖直接溝通時，無法有效回應你。

以下是幾種父母以溝通不善教導孩子的方法：

- 透過第三方溝通，例如手足或是其他家庭成員：就是所謂的「三角關係」。雙親之一可能會藉由孩子來與配偶達到拘謹的直接溝通，比如說某位家長對他或她的孩子抱怨配偶的行為，而不是直接與配偶討論。雙親也可能會找另一名家庭成員或第三方加入討論，使婚姻關係變得「三角化」，很有可能是祖父母，或是外遇對象。
- 對待孩子的方式彷彿他或她在家中沒有話語權：孩子被以「不重要」的態度對

待。他或她的感受和意見都被忽略、被否決、簡化或很快就不搭理。有些例子裡的孩子還不能表達、體驗父母認為不適當的感受。

◆忽略「不願多談的話題」：這會在嚴重問題發生卻沒人表達時出現，比如性虐待或是家中有人出現癮症。

◆不斷散發負面情緒：不但沒有表達正面情感，反而持續散播負面感受和情緒。或者是缺乏身體接觸來表達喜愛和溫暖。

◆設定好的強力界限卻可能任何時候都能打破：有的父母設立了他們自己無法遵守的界限。此外，執行面上他們也無法有效一致。

◆共同隱藏出了家門就不能談論的祕密：這些多半都是丟臉、非正統或虐待相關的祕密。

◆要孩子負起大人的責任：當孩子變得「親職化」，他或她可能要負擔大人的責任，或是被期待能滿足父母的情感需求。這現象經常會在父母有癮症、不負責任或無法提供情感關懷時出現，孩子本身的情感需求被忽略了。

◆不尊重孩子個人的隱私界線，包括他或她的身體、個人空間或一般的隱私權：這範疇很廣，從不適當的行為到最極端的性虐待都算。

◆無法解決問題：使家庭成員之間有壓力或起衝突的問題或事件不斷持續擴大，似乎永遠無法解決。

◆忽略失落或危機的處理：出現重大危機或失去而父母沒能幫助孩子理解處理情緒時會發生。比如說突然有一位家庭成員過世、父母離婚，或者全家得搬到一個新地方，但沒有人關心孩子，與孩子討論他或她對這些事情的想法和感覺。

◆總是過分苛刻、控制慾強：這類父母通常要求很高，無法認受失誤。他們拿不準掌控孩子與讓孩子獨立之間的平衡，或者無法視孩子為獨立個體。

這些錯誤的溝通模式可能會對我們有隱蔽的或潛意識的影響。我們可能不知道，我們在所有社交關係裡的溝通模式，其實是因我們經歷過或看見過的溝通所影響。但現在已是成人的你，可以自己選擇改變或繼續下去的溝通方法。

兒童虐待／忽視以及家暴

如果你兒時曾經歷過精神上、身體上或性方面的虐待——或者你曾是高度忽視或見證家暴的受害者，就會受到更深遠的影響。這些經驗已超越所謂的負面或錯誤的溝通模式，嚴重影響你對整個世界和與他人相處時的安全感。

凱爾在三十多歲因為憂鬱症尋求治療時，才知道自己曾是受虐者。她以為自己的憂鬱症是因為多次失戀導致，她也發現自己總會懷疑別人的行為動機。即便真的是很誠懇的好人，她也不相信。她也無法好好接受別人的讚美，認定自己就是人生和職場失敗的罪魁禍首。

在像是「剝洋蔥般」層層拆解凱爾的心防後，她發現自己其實是兒時精神虐待的受害者。她的父母經常恥笑、嘲弄她直到她哭了為止，還不斷拿她的缺點提醒她，為任何小失誤而處罰她。她一直以為這是正常的管教，直到她參與治療才大開眼界。已是成人的她，終於能將兒時受虐的經驗與自己的行為連結起來。凱爾的戀愛對象往往都是典型的自戀狂，她正是自戀狂要心機的完美目標，更是相處時出現任何問題的代罪羔羊。

另一位則是丹妮，她是家庭忽視的受害者。長大後的她經常覺得「沒有歸屬感」，她總覺得自己是「情感空洞」。她無法好好辨識自己的感受，若有任何人問候她，她也只會說「很好啊」，儘管明明就不是如此。丹妮談戀愛的對象經常是酒癮者、工作狂以及愛好A片者。

丹妮的母親在她六歲時就因為癌症逝世。她對於母親的印象並不多，父親是一位

「功能性酒癮者（functional alcoholic）」，母親過世後他更是變本加厲。父親是朝九晚五的上班族，大多數夜晚他下班後就是坐在沙發上喝酒。他鮮少在情感上關心丹妮，也不太照顧她。如果她生病了，父親當然是會帶她看醫生，但僅此而已。丹妮得自己穿校服、自己準備午餐、準備晚餐。中學時，她大多時間住在朋友或男友家，她覺得自己很自由，沒有什麼家規，想幹嘛就幹嘛。

有的虐待徵兆顯而易見，比如身體受傷或受到性虐待，然而有的則是很難察覺。不論是哪一種，結果通常都是極度否定自己，自覺毫無價值，而且經常持續在談戀愛時成為受虐者。如果你生長自虐待性的家庭環境，我強烈建議你尋求專業協助。

離婚

如果你父母離了婚，那你很有可能在兒時經歷過重大創傷事件。不論你的父母是如何順利處理離婚一事，都會多少影響到你。就像其他家庭問題一樣，離婚可能會影響到後續世代子孫。就美國第一次結婚來說，離婚率仍然處於百分之五十，而且人們多半的態度都認為離婚是婚姻出問題時的一個選項，但比起好幾十年前，如今對於離婚的污名化確實少很多。

如果父母離婚時你已經是成年的孩子，那你對於自己能否有成功婚姻不太樂觀，甚至會避免做出承諾。你的整體生活品質、對於健康的概念，以及面對人際關係裡的衝突時也會因此妥協。如果你決定與某人攜手一生，這不代表一定會有同樣的結局，但你可能會非常謹慎，想確保自己不會被父母離婚造成的影響壓垮。

上癮者

雙親之一是上癮者，其造成的影響是該好好檢視的部分。人可能因為藥物、食物、賭博等等而上癮。如果你的雙親之一是上癮者，那你已經見識過他或她身為父母卻無法有效控制自己的毀滅性或不健康行為。

身為上癮者或酗酒者的成年孩子，你可能也會有控制相關的嚴重問題：害怕失控並且傾向掌控他人。其他特徵包括持續想獲得認同、對於批評很敏感、無法放鬆或放寬心玩樂、喜好混亂、容易發展出癮症。而提到親密感，你可能會重複這種模式，與上癮者或是你覺得需要拯救的對象戀愛，嚴重的會成為依賴共生者（縱容者）。

我強烈建議你可以閱讀相關讀物，全面了解有上癮或酗酒的父母會造成什麼影響。我會將這些讀物推薦列在第二七三頁的「建議參考資源」。

棄之不顧

棄之不顧會對孩子的未來戀愛生活有深遠影響。經常缺席的父親特別容易影響女兒選擇糟糕的戀愛對象。若至少擁有一位穩定且持續性的照顧者，可以大大削減父母之一拋棄孩子時造成的負面影響。不過，如果你的狀況不是如此，那你可能有更深層的創傷，使你有異常可怕的羞恥感。你會一直擔心被再次拒絕、拋棄——儘管如此，諷刺的是你依舊用自己奇怪且不一致的行為重蹈覆轍，或容易衝動愛上那些本來就無法付出情感的人。有的例子裡，如果這些情感太豐沛、激動，當事者可能會出現焦慮失常或性格障礙。

再看依附理論

還記得那些強調親密關係裡基本安全感的依附理論吧。上述所有關於溝通模式、家庭界限等等的說明，很有可能會影響到在FOO裡成長的你對安全感的看法。我們之所以用依附理論來描述更深層的親子關係，是因為經研究證實，這些模式確實會在成人的戀愛關係裡重現。

依附理論的有益觀點之一，在於它使許多戀愛中的行為正常化。例如，如果你從小長大就經常不被理睬、被忽視，那你長大又怎麼懂得要有不同的行為呢？如果沒有人讓你感受過安定，你又如何覺得可以安全地表達自己的想法感受？依附理論也使依賴的概念去污名化，為了生存我們本來就要仰賴其他人。問題在於依賴本來就不是均等且能有所回報的，相互有所回饋的人際關係，也就成為「有效依賴」。情侶／配偶彼此勢必相互依賴，互相表達需求，而不是單方面的需索（即「依賴共生」）。當兩人彼此都能相互依賴，才能順利發展健全的愛情關係。

重申一次我在第二章所探討的部分，三種不安全依附類型分別是焦慮型、迴避型和混亂型。焦慮型依附類型通常源於兒時有不一致的照顧者（通常是父母）；迴避型依附類型通常來自有一名總是無法陪伴的照顧者；最後混亂型依附類型則是因為兒時受虐、受創傷或父母有嚴重出現照顧不一致所致。這種類型下，依附的對象（應該要向其尋求安全感的人）往往也是壓力來源。這可能會使當事者為了調適，而出現嚴重反應，比如分化。

家庭規矩、界限、結構和溝通模式也能幫助判定你的依附安全感狀態。安全感依附來自家庭裡有清楚的界限、有適宜的規矩和教養、一致性和可預測性。依附類型是從FOO和你在家中、家外的人生經驗所形塑出來。

如果你發現自己經常與無法付出情感（通常是迴避型）的男人交往，那你很有可能是焦慮型或混亂型依附類型。你對他人的反應和行為，可以映射出你生長時的行為模式。你可能經常因戀愛感到困擾，還會擔憂自己是否被愛。焦慮型和迴避型的人相遇，是伴侶治療最常見的狀況。在成人的戀愛關係裡，這叫做「追求（或要求）／退縮模式（pursue (or demand)/withdraw pattern）」，焦慮型的一方不斷想與迴避型的另一半有所連結，如此一來就出現有關親密感和距離感的惡性循環，追求的一方不斷想更近一步嘗試連結（並感到安定），反而使迴避型的一方更想逃避。

生長在溝通嚴重不良、惡質對待且受創經歷的家庭環境裡，可能會使你長大後的人際關係面臨很多困惑和困難。你可能發現自己總是毫無來由的武裝、容易處於守備狀態，甚至對自己的互動行為感到存疑。你可能覺得要開口表達自己看法或做決定時非常困難，還很難理解其他人表露出來的情緒線索和信號。除此之外，這些溝通模式都讓你更加自我懷疑，但在你和無法付出情感男人交流時反而都能理解，如果你習慣這些不明確的信號，那對你來說當然「正常」。

在你回想自己的FOO經驗之後，自然會感到不舒服。你可能想保護自己的家人，或是將你目前讀到的一切合理化——例如「他們已經盡力了」或是「還有更糟的父母啊」。就算你說的都對，也還是請你要專注自己對於FOO經驗的感受和所受到的影響。你可以讓自己毫無評斷的接受這一切，對自己的經歷賦予同情，在此之後，你就能更加理解家中的其他成員。如果你認為這樣有用，諒解當然也是你的個人選擇。

Chapter 06

可是我就是愛了

人們都會著迷於愛情的美好，Google 上最常見的搜索詞串之一便是「什麼是愛？」，科學已經可以回答這個問題，但我不確定我們能知道完整的解答。大部分的人都會同意的是，被愛的感覺是全世界最棒的感受之一。我們會花上大半時間思考愛情為何會讓我們有所感受，不論是好是壞、安定、安穩、濃烈、脆弱或沮喪，不管愛情讓我們有何感覺，肯定都是強大的體驗，對我們人生有深遠影響。我們會努力想了解愛情，想要戀情成功開花結果，其實這些可能遠比大多數人所想得還要容易。

有人認為愛情這個主題其實浪費時間。我可以跟你說，不管是什麼，愛情絕對不可能是種浪費。我們與自己所愛的人在一起時會成長茁壯——舉凡是我們的配偶、我們的孩子、最好的朋友等等亦是如此，當他們無法更有活力時我們也會沮喪。親愛的關係對我們的生存和健全很重要，從出生那一刻就開始影響了。我們對於愛的需要永遠不會消弭，對很多人來說和另外一個人發展關係才是唯一能獲得親愛、感情連結的方法，但有些人活在社交孤立（social isolation）的情況，如今也變得平凡常見。既然愛這麼重要，那我們勢必要討論如何理解愛、獲得愛、延續愛。

依附正是愛的基礎

人一出生就會開始依附，我們一生都會經歷依附——從出生到死亡為止。我們談戀愛時，生活就會出現新的依附，我們得主動積極做出愛、呵護、親暱的行為才能維持下去。已經形塑在你身上的行為樣貌，會大大影響成人時挑選的戀愛對象。

要構成依附有幾個核心要件。首先，我們探索世界期間需要找到舒適和安全的地方時，我們會以「比較喜歡的人」（例如母親）當作安全感基礎。第二，在我們知道這個人會專一、有所回應且我們找他時他能提供幫助，那我們會感到最有安全感，換句話說這一個人將陪伴著你。諷刺的是，這個階段我們越是與對方有所連結，我們就越會獨立自主。第三，我們認為這個人不會永遠陪伴或呼應我們表現的沮喪信號時，我們就會感到沒有安全感。重要的是，如果他或她的呵護不一致或經常缺席，那我們會在對方不在身邊時感到非常焦慮，我們自處時本來有的安全和安定感就會消失。我們一生本來就會持續出現想被依附、親近少數摯愛的人的固有需求。

依附與成熟的愛

有其他研究者拓展鮑比的突破性研究，透過依附的角度來觀察成人的戀愛關係。在大量證據支持依附類型適用成人之後，蘇・強森博士（Dr. Sue Johnson）發展出可以用在伴侶身上的治療模式，稱為「伴侶情緒取向治療（emotionally focused couples' therapy）」。此治療的核心主旨在於，伴侶兩人感到安定時會彼此尋求連結，準備好幫助彼此尋找情緒均衡（emotional equilibrium）；反之，當他們感到沒有安全感，就會變得吹毛求疵、生氣、苛刻或者不理人並開始疏離。這種治療方式可從雙方關係裡的不快來預測彼此之間的互動模式，需要他人不代表就是脆弱。更重要的是，相互依賴的培養——也就是與一個主要對象（通常是戀愛對象）發展出相互依存，其實對我們的生存和成長非常重要。

那麼童年環境不好的依附歷史又該如何呢？這通常會導致前述章節提到的「不安全」依附類型之一。這類不安全感類型的狀況會刺激迴避、極度渴望親密或是兩種混合的狀況。不論是哪一種，都無法產生平和、溫柔的感受！但是根據不同狀況或示愛對象的不同，人們的反應多少會不一樣。

既然這本書要討論的主題是愛，我們可以專門討論那些會迴避的人，他們會否認自己渴望有所連結，覺得別人不是危險就是不可靠。在親密且緊密的關係裡，這樣的態度就顯得毫不關心，如此預料得到的態度反而會引發伴侶的焦慮反應。如果你的伴侶是這樣的人，那你就曾經多番嘗試連結，結果卻不經意地使彼此持續出現負面的互動模式。簡而言之，他走得越遠，你就越想把他拉回來——結果反而讓他跑更遠，你們就一直處在生氣、自我挫敗的模式中。

大部分的典型狀況是，兩個有安全感的人聯手打造一段穩定且滿足的關係。不過就如之前說過的，經常也能看見焦慮型依附類型者與迴避型依附類型者在一起。若雙方均非極端分子，彼此能坦然接受相互影響，那感情某程度上還可以存續，可是如果雙方皆很極端也依附類型明確，通常就會出現非常不快樂而且不滿足的感情關係。因此，找到合適配對確實很重要。愛上可以坦然接受愛也賦予愛的人，雙方才能有機會打造出安定、快樂、長存的關係。

看看達娜的狀況吧。她還記得自己總被父親捧在手上，他常常擁抱她，讓她覺得自己很珍貴。她和母親很親近，但她們之間的連結沒有比和父親來得特別。年少時聽到父母宣告要離婚時她非常震驚。她有時確實會聽見他們爭吵，大部分都是母親不滿父親的行為，母親經常會控訴父親說謊。他們離婚之後，達娜對於父親的看法讓她很困擾，她發現父親其實在婚姻裡多次外遇，他不再是可以依賴的模範。好多次他都用很爛的理由不見她，後來發現其實父親是去約會了。達娜長大成人後，她開始覺得自己無法相信任何男人。約會時經常會起疑而且無法放鬆，享受約會。因為這種行為，她搞砸了幾次戀愛，其中也有幾個是花花公子。

達娜遇見吉姆時一切都不一樣了，他了解她小時候的經歷，因為他自己也有不快樂的童年。他們兩人在一起後，都努力嘗試想讓彼此感到安全、安定。他們對彼此很專一，答應要打電話都有做到，也共享許多自己的故事。他們透過良好的溝通，並在彼此都願意冒情感風險之下共同轉變自己的依附類型——從不安全轉型到安全。這段過程通常叫做「習得安全感（earned security）」，因為這是在人生後半階段期間，在非年幼時期的主要照顧者之下共同達成。

對依附類型有基本了解，可以協助我們知道自己在約會和談戀愛時為何有這樣的行為。當你覺得戀愛對象正在疏離你，你可能會傾向往他更靠近，結果表現得黏人，甚至是太渴望。學著辨識自己內心的感覺，向伴侶直接傳達很重要。這就是所謂的「情緒流動（emotional fluency）」，指的是如何用言語有效表達情感。除非是你以此方式表達時另一半過早回應你，不然在你感到絕望的極限之前，你都會有受傷、孤單且被拋棄的感覺。若另一半沒能和善的回應或無視你，你一定要接受他不會或者無法回應，你沒有責任去教他或改變他，你有責任要調整自身思考方式和感受，並留意對方能否以同理心回應你的情感需求。

愛情與情緒

如果你想要談戀愛，或是你知道身邊有人戀愛了，那你也懂大部分的人會用各式各樣的情緒詞彙來描述戀愛了的感覺。戀愛會帶來驚人的情緒高潮，可與嗑藥相比擬，但戀愛不順利也會有痛苦的低潮。一說到愛情，你沒想到的情緒可能是恐懼。我們感到有東西很危險或有威脅時就會啟動警報，警告我們要有所行動，因此你會在發現自己失去聯繫、被忽視或排拒在外時，會進入高度恐懼的狀態，甚至是恐慌。你或許感到生氣，但那罪魁禍首其實就是恐懼。以恐懼為基礎的各種反應，其實遠比我們理解的還要合理。這些反應通常適應性高，還能演化改變，因為它們讓我們這種物種得以生存下去，同樣的恐懼反應至今仍保留在我們身上。

愛情的化學效應

身體和大腦裡有很多化學物質，包括荷爾蒙和神經傳導物質在內，共同創造出戀愛時的神經化學感受。這兩種愛的主要部分，會影響到吸引力和依附系統，每一種都包含不同的化學綜合成分。大腦裡的特定區域會在你經歷愛情不同階段時各自「發光」。

大腦被分成左葉和右葉，每一半都有不同功能存在。右腦處理的是感覺、創造力、想像力和整體思考；左腦則是負責邏輯、理性、規劃和分析式思維。據說，右腦正是愛情所在。

大腦影像研究告訴我們有兩個區域會在人戀愛時活動踴躍。一是腦島（media insula）（也與本能有關）中心，另一個則是前扣帶迴（anterior cingulate cortex），這會產生愉悅感。這兩個區域一起負責產生戀愛時的自然快樂感覺。愛情的初期階段，其他大腦區域會變得活躍，充滿多巴胺，讓愛情有激動興奮的感覺。多巴胺也稱為「愛情靈藥」，因為它會令人上癮。

愛情的初期階段會充滿熱戀、性慾和渴望。性慾由我們體內的主要性荷爾蒙雌激素和睪固酮調節。渴望則與我們全身有關，因為它使腎上腺素激增，這與「打或逃」反應使用的化學物質相同。類似的生理反應也會出現，使心率和警覺性增加、瞳孔放大、刺激汗腺。

戀愛的體驗過程也伴隨三種中央神經傳導物質增加：血清素、多巴胺與正腎上腺素。體內的血清素增加時會影響熱戀的感覺；也會釋出多巴胺，影響情緒、思考的整合，刺激下視丘釋放性荷爾蒙。多巴胺也會刺激興奮、新奇感和冒險行為。多巴胺與正腎上腺素會一起產生愉悅感和上癮的感覺。

戀愛初期過後，人們在伴侶面前便會感到更放鬆、更自在。當感情關係更加穩固時，其他腦內的化學物質例如催產素和升壓素就會開始主導。催產素又稱為「擁抱荷爾蒙（cuddle hormone）」，會在性愛結束和肢體接觸之後釋出，產生親密感。催產素會透過接吻、撫摸和擁抱釋出，也會在我們和伴侶聊天時釋放，這也是為什麼溝通對感情穩定發展很重要的原因，事實上，催產素對於延續終身戀愛依附對象來說至關重要。升壓素也稱為「單一伴侶荷爾蒙（monogamy hormone）」，會影響伴侶對彼此忠貞。有動物試驗證實，抑制升壓素會使伴侶變得不再專屬彼此。

愛情無疑就是生理作用驅動情感。這些不同的化學物質組成會因當前戀愛處於哪個階段有所變化。令人感覺良好的化學物質如血清素和多巴胺，主導的是戀愛早期階段，感情更深時會有更強的連結、親密感以及單一伴侶的狀態，大腦就會釋出催產素和升壓素。愛情是高度複雜的議題，但科學也提供我們大量有用的資訊，讓我們知道長期穩定且真摯的愛情要如何延續下去。

你不需要記住這些與愛情有關的腦內化學物質特殊名稱。不過，能知道自己體內出現什麼變化也好。你需要提醒自己的是，如果這些化學物質沒有在體內運作，那你可能其實沒像平常那般能理性、有邏輯的去思考，盡可能保持淡定，將能協助你做出聰明的戀愛選擇。

深陷情網

戀愛的初期階段包含吸引力、熱戀、性慾，有時甚至還有迷戀。剛開始出現焦慮或害怕都是正常的，我們發現彼此有吸引力和化學作用後就會渴望更多，更想要確認彼此的吸引力是雙向的感覺！我們會不斷尋找相互來電的信號和徵兆，避免被拒之在外，若我們沒有獲得這種感覺，就會擔心、沮喪。通常我們會在那些吸引我們的人面前表現出「最好的自己」。在你確認這種感覺是雙向的後，那這個人對你而言就會變得特別。很快你們雙方就會冒更多的情感風險，愛上彼此。如果一切順利，那就能慢慢建立起有所回應、彼此信賴、堅固的羈絆。

為什麼一個人會受另一個人的吸引力而不是其他人，這目前尚未有很多共識。如果一開始沒引起特定的某人注意，之後也不太可能會有所改變。吸引力老早就深植在我們人類的演化和生存過程中，在此狀況下吸引力包含一定程度的熟悉度、味道、女性的孕育力與男性的男子氣概，以及個性特質。有些特質普遍來說較受歡迎——比如容貌對稱性，但最相關的在於，吸引力是個人專屬的獨特經驗。

愛情的初始階段是有期限的心醉神迷，特定的生理和心理徵狀會在這階段凸顯出來。有的生理徵兆是心跳加速、臉紅、顫抖和悸動感；有的生理症狀則是狂戀的想法、興奮、幻想和對於被拒絕的恐懼感。這階段會啟動各種荷爾蒙、化學物質和神經傳遞物質，但你可能也明白，每個人不見得都一樣！這階段出現時，會有一波症狀和感受席捲而來，但可惜的是，伴隨這些驚奇感受而來的都是判準失誤和不理性的思考——簡單來說就像把雙刃劍。一個人無法冷靜判定且忽視警訊後，那下個稱為「建立信任感」的愛情階段，就會充斥艱難和挫敗感。

如果你根本沒接收到應有的信號會怎麼辦？如果你這才發現你無法依賴這個對他有強烈情感的人呢？你可能會想離開，把心力用在別的地方上。這或許是很好的方法，因為我們都知道你不見得會回心轉意，不過你可能反而想更努力的達到目標，也就是與愛戀的對象有成功的感情關係。這種情況下，相互的信賴和安定感永遠無法培養，繼續下去就會進入一個稱為「依附困擾（attachment distress）」的持續性狀態。

依附與分離痛苦

回到我們討論過的依附類型，回想自己想取得舒適或安定但沒能得到時的狀況。你會回到像是難過的小孩得不到想要東西時的狀態，你可能會有不同的情緒：害怕、悲傷、生氣甚至是恐慌。這些感覺會讓你想更努力獲得安定，於是你就會採取敲邊鼓、逼迫、尋求、巴附、叨唸或命令式的行為來達成。若你還是找不到需要的安定感，就會出現依附恐慌或痛苦，可能引發絕望和渴望。如果你試圖尋求連結但得不到回應，你就會繼續感到絕望，或想要放手、麻痺自己。最後這種絕望或分離可能會讓你有動力離開現況，繼續努力。要達到這種狀態往往要付出很大的感情代價，因此我鼓勵你儘早看開會比較好。

柔怡與安德魯的感情看起來就是分離痛苦。柔怡經常感到被安德魯忽略、不被他珍惜，也常常因他而感到失望。他越是無法付出情感，她就更努力想修正這段感情。然而，柔怡也漸漸變成鏡中那個不像自己的人。她遇見安德魯前，一切都過得不錯，但他們相遇後一切就變了。他有非常棒的幽默感，正是她喜歡的類型。她很快就被他迷得無法自拔，但安德魯對於感情的態度沒有柔怡那樣認真，他從來沒有直接表態過，但他會疏遠她，有時「忘了」回撥電話，也會不管她的心情直接和友人相約，對於他們感情的任何討論都避而不談。

有一次柔怡試圖和他討論兩人的事情時，安德魯直接離開客廳，走進臥房後鎖上門。柔怡哭著敲打房門，拜託他和她談一談。當她發現完全沒有解套方法時，她決定放棄，坐回沙發上，獨自一人繼續哭泣。發生這種情況時，分離痛苦會率先屈服於恐慌，接著就是無助感。如果安德魯事後想重新討論，事情往往會有所解決，但大多時候他會拒絕進一步討論。如此爭吵模式持續下去，耗費柔怡很大的心力，但對安德魯來說似乎不成困擾。柔怡因此一直處在要繼續和他在一起或是分手的模糊狀態。

愛情的第二階段要成功，得持續仰賴你和伴侶彼此之間的信任感和調和——這兩項我將在第十一章進一步討論。現在先簡單介紹一下，戀愛關係裡的信賴是指知道並感受得到伴侶值得依靠，因此你和他相處時在生理和心理上都能感到安定，而伴侶對於感情的看法是透明且直接清楚。調和是指你和伴侶所共有的情感連結。調和的重心在於為了更好而相互協調配合。積極的調和下，你會發現自己可以輕鬆自在的待在你和伴侶共有的世界裡，你們雙方都能適時響應彼此給的信號、情感狀態和需求。如果協調不合，那也會有很清楚的調整和修復關係的方法，若這階段沒有出現解決辦法，往往就會出現分離痛苦。

抗議行為

達成和伴侶有所連結，你正在進行所謂主流婚姻研究學者約翰・戈特曼博士（Dr. John Gottman）的「連結邀請（bid for connection）」。你的伴侶會選擇回應的方式。這類的邀請可能是小且隱諱的行為，或是大而明確的邀請。對方投你所好就會出現連結，他也可能選擇轉向，無法出現交流。伴侶若不斷轉身而去就會壞蝕這份連結情感，使這段關係出現痛苦、疏離感，但也可能會引發你出現抗議行為。

以下是娜媞為了想與艾立克連結而做出的隱晦邀請。她每天會用簡訊發幾則笑話給他，他們在一起時她會試著討論艾立克最愛的音樂。娜媞也會問他能否打給她說晚安。艾立克有自己的選擇，他可以溫柔的理解她的努力和渴求（投其所好），或是他就無視她的努力和渴望（轉身而去）。彼此之間回應對方的方式，會隨著交流好感度而產生連結。

常見的抗議行為會在連結邀請未受重視時發生，行為類型包括：

◆**過分想有所連繫**：打很多電話、傳很多簡訊或發很多郵件；不請自來的出現；追蹤社群媒體上的行蹤；詢問友人想掌控行蹤。

◆**用盡心機**：裝作不在乎、報復性行為、忽視、說謊、裝得很無助、哭泣、用計讓對方吃醋。

◆**戒斷性行為**：不斷地忽視、走開、麻痺、熱中於某個狀態、毫無行動力。

- **計分行為：**玩遊戲、故意不回應或者是故意等一段時間讓對方等之後才回覆。
- **展現敵意：**好戰或表現出蔑視的態度、亂發脾氣或突然暴怒。
- **愛下最後通牒或空口威脅。**
- **招惹其他人，或是告訴對方你會去找別人。**

如果依附型警訊沒有出現，做出以上這些行為是可以理解的，但是這些行為沒什麼用，你最後反而會變成積極造成分離的當事者。

性、愛與親密感

男人與女人有時候都會把性與愛情或親密感混淆。但女性通常會在認真尋求親密感時勉強將就性愛，這樣下去會與戀愛對象發展出不滿足且困惑的關係，所以釐清這個議題很重要。你可以和不愛的對象發生性行為，可以為了娛樂、釋放壓力或任何各種理由發生性關係。可是性也是一種表達愛的方式，或是我們想與另一個人建立親密感的方式。親密感指的是感受親密，與他人有所連結。建立親密感的方法有很多，像是彼此溝通交流、積極展現貼心行為、表現迷戀以及做愛。對許多人來說，在不確定是否有愛情時發生性關係，往往會是很空洞且感覺不到滿足的舉動。

性也會使被愛時會用到的神經化學物質和神經傳遞物質發揮作用，因此這可能會讓你更感到困惑，讓你認為這就是愛，但實質上只是做愛而已。與交往對象在一起一段時間後才發生關係，可以幫助你放慢腳步，看看這段關係是否有可能性，發展出來的共享信任感和安定感能否延續。這對女人來說更重要，因為女人在這方面的思考模式與男人有點不一樣。不論是否有愛情的感覺，男人都能準備好發生關係，做完之後可能不怎麼覺得罪惡也不見得感到困惑。大部分的女人不是這樣的，如果她們認為性就是表達愛的方式，但發現對方只是想玩玩時就會更容易受傷。

當然有人是例外的，因此如果能提供指南，就能幫你更有效的探索性和親密感的議題。我建議你在和對方討論性之前先不要發生性關係。這討論應該就能釐清性對於你們的意義，以及對於發展感情你們各自有何期待。關鍵在於你們要對於性愛有共識，如果你們只是想要抒發壓力，那也可以，但如果你們一個是想減壓，另一個則想要有進一步的感情關係，那就有問題了。這雖然不怎麼浪漫，但如果你想避免受傷、不想丟臉，那就需要先討論。

卡拉不幸的沒有先和對方討論就發生關係了。她以為與男人做愛，就能讓對方愛上她。她甚至曾經誘惑已和她分手與別人交往的前男友，以為這樣做就能挽回他，但這根本沒用。卡拉碰到真心喜歡的對象時，她從來不會和對方討論感情發展的方向，她怕一聊會很奇怪就嚇跑對方。最後，卡拉對於這些與她發生關係的男人出現了結論：他們終究都會離開啦，大部分相處時間都在床上、下床之後不太多聊、與他們分開時她就會覺得孤單，她也認為這些人對她肉體的喜好就是她的價值。她搞混了性和親密感，而這嚴重影響了她。

愛與承諾

愛情的最後一個階段，你們最終想達成的就是承諾。沒有成功經歷前兩個階段就出現承諾是很糟的事，有些人認為有了承諾或結婚就能治好在先前階段或戀愛時期出現的問題，這可是萬萬不能採信的危險論述。

此階段是關乎對彼此忠誠，持續滋養你們之間進行式的愛，並承諾永久做到此點。但這只會在你們雙方在先前階段順利成功時才能開花結果，這種承諾可能是結婚，也或者是非婚形式。不論如何，那張「證書」對你們雙方的意義都是個人選擇，最重要的是你們對於兩人的感情同時間都抱有共識。

關於愛的最後幾點思考

披頭四樂團的〈你需要的就是愛〉（All You Need Is Love）是一首曲調很棒的暢銷歌曲。但我很抱歉，這首歌立基的迷思卻是你不該相信的。除非你與對方相處時同時感受到安定和平和，不然你不該以愛之名來表述自己的感覺。如果你感受不到，那就不是愛，很有可能只是你的依附系統在起作用罷了。

既然你已經讀到這裡，我敢確認你明白要戀愛能成功開花結果，你需要的遠遠不只是愛。這種愛意，或簡單來說就是「愛」好了，絕對不足以創造出信賴、安定、調和等等的感受。除了愛，你還需要其他成分和技巧，才能成為好的伴侶、對的伴侶。

另外一個常見的迷思是，一輩子只會有唯一一個靈魂伴侶。在你因為心醉神迷、因為愛情的性慾階段而沉淪時，自然會去想自己肯定遇到靈魂伴侶了。聽到別人說這個人不是你的靈魂伴侶時可能會感到疑惑，但其實你可能是對錯誤的對象產生這些感受！真相是這個星球上有太多你可能會愛上的各種人，你只是不可能遇見每一個，所以你不見得有那個機會。只要能清楚了解這一點，就能讓你保有希望。如果你愛上了無法以你所想方式呼應你的愛的人，我敢保證，絕對還有真正能與你匹配的人存在。

Chapter 07

需要分手的時候

該如何說再見

與有強烈感情（或者甚至是「愛」）的人分手，從來不是簡單的事，可是我希望現在的你知道眼前這段感情是否是不健康的，以及自己身邊的伴侶（或即將成為伴侶的人）是否無法付出情感。如果你曾試著合理的向他尋求安定感但未果，那我強烈建議你考慮和這個人分手。

若你愛上的人是已婚人士，那請務必要離開他，因為這肯定是一條死胡同。但我知道你最不想做的就是和他分開。你真正期望的是這個人能同樣愛你，以同樣的方式對待你。要和不想和他談戀愛的人分手已經不容易，但要和自己很在乎的人分開更是難上加難。如果你想有一段明確真實的戀愛，那就要認真採取行動處理好這段感情，做好明確的計畫，努力向前看。

分手的理由

第一且最重要的是你可以用任何理由和任何人分手，不需要什麼特別許可。我曾經聽過很多人說，他們之所以不想談分手，就是因為害怕寂寞，或是不想要傷害其他人，這可能是不願分手最糟糕的理由了。此外，你應該要清楚知道為什麼想要分手，還要知道這些理由沒有問題。為自己、人生和未來做出最好的決定，不需要感到有罪惡感。

為什麼結束當前這段感情才是聰明之策的原因有下列幾點：

◆你不開心或沮喪，並認為這種情緒正是因為這段戀愛所導致。如果你一直處在悲傷或絕望，那你應該好好聆聽這些感受。有些疏離感情的人會把寂寞的感受描述得比那些真的孤單的人還要嚴重。其他人經常提到的則是他們在感情中好像一直在坐雲霄飛車。這些情緒加上你的直覺，應該就能引導你是否該結束這段感情，請為你和你的想法與感受（而不是其他人的想法感受）做這決定。

◆壞的比好的多。這部分可能會使你犯錯。這段感情中當然有美好的時候，你會一直記著這些好的時光，用它們來提醒自己，證明他的愛和呵護。可是這是不對的，許多人心裡這麼想時就做出了錯誤的判斷。感情裡壞的部分應該是少之又少，且應該是「正常的壞」。「正常的壞」例子包括為了看哪部電影而爭吵、旅行時忘了帶哪雙鞋子、或者是該輪誰去遛狗等。這種壞不該是虐待性的壞，也不是連續不斷外遇的壞、已經名花有主的壞，更不該是無法付出情感的壞！

◆你不再有信任感。如果你已經不再相信，那這段關係的基礎就已然崩壞。這個基礎可以在背叛你信任感的人努力挽回下修復，但若沒有修復，這段感情就出現各種懷疑，且疑心之處難以消緩。

◆喪失信任感會在你碰到背叛（例如對方外遇）時發生，這也可能在你重複經歷伴侶無法付出情感時出現。戀愛中若另一半掉頭而去，而非向你伸出手來滿足他的需要時，就會開始出現不信任和懷疑。若他沒能夠經常滿足你的需要或從未滿足過，就會開始滋生懷疑。糟糕的行為不見得要像外遇那樣明顯，所以要了解自己，不論是何等情感，只要不再信任對方就會很嚴重。以依附理論的說法來看，當你很有可能以「不會」來回應「你會不會在我身邊呢？」這問題時，就是喪失信任感的時候。

◆很難預見未來的情景。希望能和這個人共有未來與和他一起預見未來的樣子，這是兩碼子事。如果你閉上雙眼，無法明確的想像和對方結婚、一起變老或是交付任何形式的承諾，這就有問題了。目前的你可能因為現在的感情狀態無法想像未來會是如何，如果你和他一起的生活會困難重重，那未來就可能很模糊。過往通常會有未來的重要線索，因為你會有一樣或是更糟的生活——之所以更糟，很有可能是因為糟糕的行為惡化，或甚至是因為相處越久，你就更難忍受（而非你反而容忍得了）。

如果你的家人不喜歡他，那也很難想像未來。這很有可能是因為你的家庭比較複雜，伴侶反而比較健康，可是這僅是少數情況。如果在乎你的家人或朋友——對於你的另一半有強烈的負面印象，那你應該要認真考慮這段感情，因為他們可能看得見你無法發現的部分。花點時間思考自己的伴侶能否輕鬆融入你的親友圈，能否被他們接納吧。

即便是上述理由，艾琳還是很難與法蘭克談分手。他們確實有非常瘋狂、熱情的時光，但也有激烈爭吵的時候。她覺得這段感情就像雲霄飛車，壞的部分比美好的時候多。她感到漸漸喪失的是情感上的信任。她不知道是自己的問題還是他，或者他們雙方都有問題。光是想找出問題癥結來解決，這件事就讓她身心疲乏，當她想到未來，她只覺得痛苦。她根本無法想像法蘭克成為她人生的另一半，或是孩子的父親！她勇敢地提出要分手，但法蘭克難以接受，最後她只好將他從自己的手機和社群媒體都封鎖掉。後來艾琳經歷了一段很痛苦的時間，甚至非常想念法蘭克，但她心底深處知道這是正確的決定。

如何提分手

與自己所愛的人提分手永遠不會有完美的時機，但確實要有些條件才能和平分手。我不建議糾纏對方，試著想這樣做也不好。你應該要帶著同理心，整合分手的過程，應用黃金準則。

做出要了結感情的決定後，某些情況下可千萬不要直接說出口。如果另一半正面臨危機當中，就不應該提分手的話題，例如說他家裡正好有人過世，或是家中成員被確診罹患重病等。不是要你永遠先擱置分手的事，而是等過一段時間再來談。

不要在和對方吵架期間提分手，雖然這過程很有可能會想這樣做。我曾聽過有人故意等到吵架時提分手，這可是糟糕的策略。雖然冷靜時提分手確實需要更多勇氣，但這樣才能整合好分手的過程。不論是現在或是未來，正確的提分手對你會比較好，即便對方可能不值得你這樣做。

你可能得在公開場合提分手，但可不是在別人聽得到的範圍之下。最後，請不要以簡訊、電子郵件或電話談分手，分手應該要當面談。這準則的例外是：你們是遠距離戀愛、你對對方的反應感到恐懼或者你們只是約會幾次而已。

別讓分手話題談到最後不知所云，談分手之前要確保自己有足夠時間和地點，做好準備再談。一開始可以溫和地說「我想和你談一件事」或類似的話。需要事前先發簡訊或電子郵件來確定時間和地點沒有關係，你也可以表示需要好好認真的談。

分手時不需要批評或責怪對方，即便你可能有超多事情都想抱怨，但分手時提出來一點好處都沒有，只會讓對方更有防備心。誠實以對，但不要太過苛刻，要多誠實確實不簡單，我的建議是做一般評述就好，除非你確實準備有無法容忍的部分或要提的重點。例如你可以說「我想要孩子但你不想」或是「我喜歡待在家，但你喜歡到處去玩」。如果不確定要說多少，那只說一般的狀況就好，如果分手主因就是因為對方無法付出情感就更是要這樣做。

以自己為出發點提出分手理由，多用「我」來開頭，只說一般情況的部分你可以這樣說：

- 「我不太能看得見我們的未來」
- 「我需要一個能有共識的另一半」
- 「我覺得我們不太合」
- 「要我繼續等到你願意有所承諾，這樣行不通」

你不需要下最後通牒。再說一次，你要講的都是關乎你的需要、未來、渴望和你的底線。如果對方要你進一步解釋，或是想要爭辯，就要堅定立場，重複同樣的話。

如果這段感情一直都是備受虐待的情況，那就簡明說出事實就好。不要表現得太過抱歉，這可能會讓對方誤會，或是讓對方有機可趁繼續操縱你。若對方的反應是憤怒、反彈或變得更激動，請立刻終止交談——直接離席或是掛斷電話，封鎖他。

想分手卻反被操縱

嘗試提出分手時可能會面臨反而被操縱的狀況，讓你懷疑或對自己的決定感到愧疚。操縱者利用的正是你的脆弱，他們知道要說什麼才能讓你覺得愧疚，讓你改變心意，他們才能得到自己要的結果。要擊潰操縱的狀況，一定不能被他們說的話影響，你一定要堅定、堅決的表達意見。不要過多解釋或一直道歉，任何關於分手的討論要由你來劃分界限。

梅蘭妮想要和男友蓋伊分手時，起先並未發現他如此會操縱自己。這段感情讓她非常不快樂，她深知自己得放手。在梅蘭妮成功和蓋伊分手之前，她曾經試過三次，每一次的結果都比前一次更慘，這期間她都等了半年才又嘗試一遍。

梅蘭妮一開始想談分手時，她很誠實也很敏感，她看不見和蓋伊在一起的未來，也不想浪費更多時間在他身上。當她這樣說時，他竟然哭了，所以她試著安慰他，但他的悲傷很快就轉變成憤怒。蓋伊控訴是她說謊，勾引了他，「你怎麼可以在知道要離開我了還這樣做？」梅蘭妮當下只覺得非常愧疚，無法繼續聽下去。她開始相信自己想和蓋伊分手是錯誤的。於是她變得懦弱，雙方冷靜下來沒過多久，他們又在一起。後來她開始發現蓋伊似乎一直在懲罰她，他經常會故意諷刺她提分手的事，當她終於受不了，她又試了一遍想和蓋伊分手，結果又沒成功。這一次，蓋伊大發雷霆指控梅蘭妮竟然選在「聖誕節前分手」，他說這樣會讓他在即將來訪要一起度假的家人面前丟臉，當下梅蘭妮堅定立場，轉身離開。可是幾天之後，蓋伊哭著打電話給她，他道了歉，聲明自己有多愛她，自己已經準備好非常棒的聖誕禮物要給她，還說自己一定會做任何事來補足自己不對的行為。

梅蘭妮第三次也是最後一次和蓋伊談分手時就是一場災難。當他發現這一次真的是最後一次了，試著多番嘗試操縱梅蘭妮都失敗後，他就變本加厲不可收拾。他在社群媒體上公開說明了這次分手，還說他的心都碎了。他來到她的公寓門前，留下一大堆當初她給他的每一份禮物，以及每一份她寫給他的情話。他也開始和她的朋友當朋友，想持續追蹤她的生活。由此可見，蓋伊肯定是讓梅蘭妮無法成功分手的傑出操縱者。她對於自己沒能第一次分手就談妥感到沮喪，因為她心裡很清楚她一定得這樣做。

分手從來不簡單

分手從來就沒有簡單的方法，我也希望有，我希望在繼續交往和不交往之間能有中庸之道，但事實上就是沒有。分手是跳進未知，但至少這是開始，你應該知道你們可能無法再在一起，或甚至不會再見到這個人。但反覆來回糾纏，只會傷害這段感情，甚至是永久的傷痕。

分手是高度情緒化的過程，而要在分手之後繼續當朋友也是不切實際、不明智的作法，這只會阻礙你的療傷過程，變成你想要迎接新戀情的絆腳石。有的人會說「我們能繼續當朋友嗎？」來減緩失戀的傷痛，你不應該自己提出來，而如果對方說了，也請堅決說不。

如果你們不會經常在職場上或學校裡碰到面，避免接觸會比較容易。但如果你得經常看見對方，你可能會想改變自己的時程表、換工作或任何不見到他的方法。不要追蹤他的社群媒體檔案，或是回應他的任何交流。與他有所互動只會妨礙這段分手過程，阻礙你的情感治療。

突然有空了

有些無法付出情感的人，可能會在分手後突然變得為你非常有空。這是很常見但毫不真誠的反應。風水輪流轉，現在你變成以往希望被追求的那一個。你可能會聽到任何對方要改變的種種諾言，這些話很誘人，但請不要因此陷下去。這些說詞都是短暫的，是想挽回你的藉口而已。你們的感情狀態會在你回頭之後又重蹈覆轍，這種現象仍然是對方同樣的行為和特質，那只會讓你更悲慘，這只是老調重彈，可不是什麼新的轉變。

來看看潔倪如何與戴夫談分手的吧。她有很多理由值得和他分手，整體來說她對這段感情非常不滿，也從來沒有覺得舒坦過。他不僅反覆無常也不可靠，經常讓她感到失衡不平。潔倪認為這個男人只會讓她過得更慘，因為她發現自己不再像以往的自己，例如不斷想找方法取得他的注意。她試著以成熟的方式明確直接的表達，讓他知道自己的感受和想法，但這談話每次都無疾而終。潔倪曾試想過和戴夫的未來，她無法想像，她對於他或這段感情都沒有安全感或信心。

當潔倪決定要和戴夫分手時，她想要明智、成熟的處理好這件事。首先，她找時間與他見面，見面時她很平靜地讓他知道自己並不快樂，她無法想像他們彼此的未來，因此她想結束這段關係。戴夫很傷心地說潔倪讓他毫無設防，這讓她覺得目瞪口呆，他哭著求她不要離開他，並承諾要做更好的男友。她突然發現自己雙腳好像被水泥固定住，完全走不開，她只想要留下來好好安慰他。她覺得和他分手很愧疚，但是在她心裡她知道自己不需要為他的反應負責。於是她簡單地表示自己讓他傷心很抱歉，但她決定好了要分手。

潔倪很快就將注意力放在自己過去四個月來的感受——慘兮兮。她也回想自己曾經多次想討論自己的不滿，可是最後一切都沒變化。她最後終於找到氣力，直接離開現場，離開他，她說這個是她的最後決定，希望他能尊重這個決定。戴夫問能否繼續當朋友，但她說現在不是做朋友的時候。當她離開後，她打給支持她談分手的最好的朋友珊迪。畢竟，珊迪親眼看見過去這幾個月來，自己的好友因為這個戴夫是如何的不開心、焦慮不安。

尋求支持

人生裡種種痛苦的時候，其中一個就是分手之後。在分手後盡可能多花時間與支持你的好友和家人相處會有所幫助，別因為要向他人求助和談論發生什麼事而感到侷促不安。治療師也可以在你調適和回想分手過程時給予很大的幫助，還能幫你專注未來的生活。單獨自處的時間也很好，但你如果花了太多時間自己孤獨一人，很有可能會冒風險回頭求和。

這個階段最好是好好計畫如何調適分手後複雜和痛苦的情緒感受。痛苦會讓你容易想重新回頭和對方再在一起。最重要的是，你需要學習如何做出聰明的選擇，讓自己能和值得、匹配的對象共享安定、溫柔且信得過的戀愛關係。

Chapter 08

情感如何表達需求

我們個人情感是我們對這世界及與他人互動的內在主觀經驗，這些情感皆是我們對不同場域的觀感，也是對不同場域呼應的生理反應。我們會根據身體感官的詮釋來命名情緒，比如憤怒、悲傷或快樂。很多事物會影響我們的體驗和情緒表達：過去的經驗、我們所學、文化、社會化等等。你會發現自己與戀愛對象（還有朋友和家人）相處時的模式，會反映出內在的情感衝突。因此，根據互動對象的主體不同，我們的情緒不該被視為對或錯、好或不好。最能有所幫助的是將情緒視為驅動我們做出行動、回應的工具。如何調適情緒、選擇如何回應才是我們期望改變的（而非情緒本身）部分。這聽起來可能令你驚訝，但情緒也是讓一段關係能有效溝通的關鍵。

理解情緒

如果你想要改變、管理自己的感受和行為，對情緒有基本理解可以有所幫助。經過時間演化發展出來的情緒，讓你得以探索、適應周邊的環境。拿恐懼來說吧，感到害怕便意謂環境中有危險的事物（例如很有可能會被獅子追趕），因此大腦和身體會做出衝刺的跑步動作，好讓我們為了安全而快速奔跑。就如你猜測的，體驗到害怕的人會比不害怕的人更能生存下來。負面的情緒，例如恐懼或厭惡，會勸阻我們做出傷害性或破壞性的行為；而正面情緒例如幸福感，則會促使我們做出有潛在生產力的行為。理解情緒對於我們生存、活躍和做出好抉擇的能力非常重要。

心理學家多半認同有六種基本情感，這些情感在所有文化類型裡都有：快樂、傷心、驚訝、憤怒、恐懼和厭惡。近年來有研究人員另外增加了輕蔑、羞恥、喜愛、驕傲和焦慮。這些情緒都很普遍，但人們如何表現、何時表現則根據所屬文化範疇不同而有差別。情緒會影響他人如何看你、對待你，它們也會影響你個人認知的健全。

大腦邊緣系統是情緒、記憶、行為和動機的所在區域，藉著掃描環境尋找危險信號，協助我們生存下去。邊緣系統裡有一個杏仁核（amygdala），負責處理「恐懼條件」——換句話說就是我們學會對某樣事物感到害怕。舉例來說，你不會出生後就對父母感到害怕，但如果父母有虐待行為，那有可能會學會恐懼，如此下去終究會導致對於愛護、溫柔關係產生困惑。大腦是高度複雜的東西，我們可不想花太多時間討論。你只需要知道，人類會一直掃描周遭是否危險（或安全）。這種能力可以幫你生存下去，熬過人生危機。但如果你對危機信號感到困惑，那掃描的反應機制可能就會操作過當。

情緒的主要組成包括我們的生理感知。根據感受到的情緒不同，你會體驗到不同的生理感受變化。有直覺或幾乎是自動的生理反應稱為內臟感覺（visceral sense），而本體感覺（proprioception）則來自心理或心智。生理感受的例子類似流汗、緊張、心跳變快、胸部緊繃、臉紅等等。根據每個人的感受本質和不同反應，體驗會有非常大的差距。學會察覺、辨識生理反應能讓你知道自己有何感受，特別是如果你無法辨識、明確理解感受的時候更是如此。

很多人會誤以為我們無法控制自己的情緒體驗和反應。情緒反應有一部分是由身體的生理和基因體質來控制，其他部分則由所處情境和周遭有哪些人來決定。情緒感染，或者說被他人的情感體驗影響，也是非常真實的現象。不管影響如何，你都比你以為的有更多力量可以控制你的情緒反應。

情緒和依附類型

早期依附歷史（FOO）會影響情緒感知和情緒表現。我們身為嬰兒時最早的情緒包括渴望連結、被照顧，還有在飢餓、受傷或需要肢體接觸、被注意時能得到回應。不是所有父母或照顧者都能輕易得到信號或有所回應，他們可能缺乏回應的情緒調適機制，或者他們有情感缺陷因此難以回應。就如依附，你的情感發展是從出生就開始的多面向過程，會持續到你長大成人。

安全感依附使我們對於負面和正面情感有整體正向的觀感和表現。安定的孩子會接收到清楚且一致的信息，了解自己的情緒表現會被以有意義、適當的方式呼應，他或她可以表現生氣或嫉妒，也不會因此情緒而被粗魯對待或排斥。當孩子感受被經常忽略，他就會終止與他們交流，因為「沒有人會回應」，這就會導致迴避型依附類型。此外，若這類孩子表現出他或她「很黏人」等為了表達情感需求的負面訊息，這些需求多半會被虛應了事或迴避掉，或者孩子會因為必須要自己處理這些情緒而不知所措。當孩子的情感表現被誤解，被以生氣或覺得丟臉以對時，就會引發不安全依附類型發展，孩子想溝通依附相關感受的能力被否決了。

想想自己家族裡是如何處理情感表現的，下列是幾種能幫助你了解自己早期情感經驗的問題：

◆你表現出生氣、受傷、丟臉、害怕等等情緒時得到了什麼訊息？

◆你有不被允許表現或分享的情緒嗎？

◆發生不好的事情時，身邊有人幫助你理解這些感覺嗎？

◆感到沮喪時，身邊是否有人安慰你？

◆表達情感需求比如需要安慰、保證、被注意和喜愛時，是否可以安全無虞的表現出來呢？

◆你獲得的回應是否適當且一致？

◆你的父母是否會清楚有效的表達情緒、呵護、關愛？如果沒有，你覺得這是為什麼呢？

◆你知道父母他們的 FOO 歷史是否影響他們能適當回應你的能力？

花點時間回想這些問題，讓自己開始對人生目前的情緒影響感到好奇。如果需要也可以用一本筆記本，把所有想到的記錄下來，偶爾率性記下任何想法也沒有關係。

來看看喬伊的故事吧。喬伊的父親既冷漠也很疏離，他不太會對自己的兒子表達任何肢體上的愛護。喬伊哭的時候他也會喝斥，即便喬伊是因為受傷才哭亦然。他的母親比較溫柔，對於他表達恐懼感大都和善的回應，她充滿同情心、同理心以及呵護。有時候，她會保護他，遠離父親的叫罵。這對父母用完全相反的方式處理喬伊的情緒需求表達，這讓他感到非常疑惑。他知道自己找母親哭，而父親在家時他必須表現堅強，情緒不能表露在外。他開始非常依賴母親，甚至是黏著她，但這樣更是讓父親生氣，父親還會因此叫他「巨嬰」或「哭包」。

長大後，喬伊曾多次失戀。他的女友覺得他是「媽寶」。即便已經成人，他還是會每天和媽媽說話，打電話給媽媽詢問任何意見，還會紓解戀愛煩惱、回父母家吃媽媽做的飯。他似乎也認為女友就是要全程照顧他，如果女友沒這樣做就會惱怒、不講話。他無法獨立自主，向同齡朋友或女友求助來滿足自己的需求。他內心認為自己就是無能、懦弱。喬伊認為自己早期混亂的情感訊息源於他的FOO，這讓他長大後發展成不安全感依附類型。他對於自身情感需求（尋求安慰、安定）的回應方式，最後使他長大談戀愛時變得不健康。

情感經驗和情感需求表達的重複模式會創造出面對世界、自我和他人的內化範本或心理表徵。從這個範本（也稱為運作模式），我們會發展出對於我們會被如何對待的信念和期望。有時我們會創造出壓抑、丟臉、負面的自我形象。我們會認為自己不被愛、不配或不該得到。這樣的自我形象會使拒絕、拋棄、丟臉和恐懼感增加，你開始相信自己得不到善待是因為自己不好。這種依附的性質，或是缺乏依附，都會變成刻在個性、認知和情感體驗裡長期出現的特徵。

情感感知（Emotion Awareness）

了解自己的感受和背後的原因就稱為情感感知，這能幫你了解從人生和從他人身上需要或想要，以及不需要或不要的部分。懂得感知情感可以幫助你選擇、創造更好的人際關係。這是因為情感感知能幫你辨識，清楚表達感受。你會更懂得處理衝突、解決問題、針對如何滿足需求規劃策略，調適艱困的感受。根據過往經驗，你會更自然地意識自己的感覺，將情緒以字句展現（情緒流動）出來。情感感知和情緒流動是可以練習、培養的。練習之後就能打造情緒商數（Emotional intelligence），這是能幫助你在人生、職場和戀愛上成功的技巧。我會在第十一章討論健全戀愛時多加闡述這種情緒商數的概念。

情感可能是一時的，我們一整天下來會感受到各種不同情緒。但如果一種情緒維持了一段時間，那就成為「心情」。如果你正處於心碎的狀態，那你可能心情沮喪，就像不論走到哪裡都有烏雲籠罩。你可能也會出現臨床上的憂鬱，需要介入和藥物治療。你的情感可能一般也可能很嚴重，根據情況不同會有不同程度的感受。情緒沒有好或不好——但是如何處理情緒的方法就有好壞之分。察知、理解情緒可以建立好基礎，打造出有效管理情緒的健康方法。

情緒通常不會是純粹的感受。你可能會有混亂的情緒，例如傷心和傷痛。即便一開始你還不清楚自己有何感受，情感是經驗的第一反應，這是有理可證的，與之前一些宣稱想法比感覺先出現的說法相反。我們的情感經驗通常是對「表面」和「底下」的部分有所反應。換句話說，表面的情緒是外顯的反應或防御性情感，比如憤怒；但是內在、深層的情緒可能是受傷或羞恥。深層的情緒是對情境或事件產生的立即回應。因此，表面情緒會發送出不準確的信號。若沒能成功察覺、安撫、明確傳達深層、更脆弱的情感，就會使個人戀愛出現問題。舉例來說，如果你明明悲傷卻表現出憤怒，就會使其他人不敢靠近，但如果你很傷心，也能以明確、真誠的方式表達這個感受，那就會使他人更想陪著你。這一點很重要，因為明確發送情感和需求訊息，可以幫助你身邊的人理解，在你沮喪的時候幫助你。

情緒流動

這部分會快速揭露出你被某人或某事刺激到的樣貌。以下圖示是流程圖，但可能環狀的流程圖會比較適合，因為在第一個刺激之後，剩下的情緒「流動」是相輔相成的，就如你的感知和行動可能會刺激更多情感和肢體動作等等。

情境／刺激
（發生了什麼事？）

⬇

快速評估
（這個情境或刺激是安全還是危險？）

⬇

肢體反應
（身體如何回應）

⬇

察知／想法
（這個情境或刺激是什麼？你怎麼解讀？）

⬇

感覺
（你有什麼感覺？你有什麼防禦情緒或深層情緒？）

⬇

行為／反應
（你做了什麼？你真正需要的是什麼？）

這是琳恩的情緒流程圖

情境／刺激

（男朋友不接我的簡訊和電話。）

⬇

快速評估

（我又被拋在一邊了。）

⬇

肢體反應

（心跳加速、身體覺得緊繃。）

⬇

察知／想法

（我不被愛、我不重要。）

⬇

感覺

（防禦＝憤怒；深層＝害怕與受傷。）

⬇

行為／反應

（發更多用詞不當的簡訊給他、威脅要分手；

我真正需要的：我希望他能讓我覺得自己是第一重要的，

讓我更安心一點。）

如果琳恩多練習情緒察知和情緒管理，那她會怎麼做呢？她會調適自己深層情緒，了解它然後思考刺激物是什麼。她會回想到自己的父母如何忽略她。這對她而言相當痛苦，已經成為她個人的「危險信號」。她感到自己被忽略時，通常就會馬上感到憤怒。

根據她的歷史和過往經驗，我要強調她的反應相當正常。還是小孩的她不斷哭鬧，以為這樣能讓父母更注意到她，但現在她已經是成人，這類行為卻是反其道而行。當她的反應緩和下來後，才能更精明的思考發生了什麼事，自己該怎麼辦。下一次，比起憤怒的發送亂罵的簡訊，她反而發了一封簡訊給男友，「今天有空的時候請打給我，我有重要的事想跟你談。」幾小時後當男友終於回電，她說：「你花了一整天時間才想到打電話給我，這讓我很傷心，你這樣忽略我，我會懷疑我對你而言是否真的重要，你真的在乎我們的感情嗎。」如果男友溫柔的回應，比如道歉並擁抱她——那這衝突就修復好了；如果他認為她「太黏人」或「疑心病重」，或是有其他非預期的反應，那這些反應就能告訴她，這男人不想要有所回應，或是無法回應她的情感需求。到了這個階段，琳恩就要決定要怎麼處置這段感情。如果她決定分開，那她需要了解如何有效管理情緒，才能熬過這次壓力事件。

找出自己的情緒流程圖

現在是時候嘗試找出自己的情緒流程圖了。你可以思考一下目前的感情狀態，上一段感情，或者是一般在感情裡會有什麼感受、行為和反應。你可能需要利用應用程式或筆記本來記錄自己的反應，回答下列問題吧：

◆**什麼樣的情境會刺激你？**

範例：不回應我的抱怨、忽視我、不管我的想法、無法討論「我們」、讓我當壞人／瘋子／為了我需要的變成橡皮糖、嘲弄我、鄙視我、關注其他事物而不是我、喝太多酒、不跟我講話、表現得好像我們不是情侶一樣。

◆**以下情況發生時，你都如何快速評估危險程度？**

範例：被拋棄、聯絡不上、不穩定、缺乏安全感、被排拒在外。

◆**你的身體有什麼感受？**

範例：心跳加快、口乾舌燥、頭暈、想要逃走、動彈不得、擔憂、胸口緊繃、難以呼吸、暈眩、虛弱、傷心流淚。

◆**（根據 FOO 經驗）以下情況發生時，你會怎麼告訴自己？**

範例：我被拋棄了／受傷了／被虐應了、我不配被愛、我不重要、我總是得努力的那一個、我自己來、我沒關係的。

◆**你如何處理或預防以下的沮喪？**

範例：大吼、叨唸、批判、命令、再試一次、誘惑、走開、自我毀滅吧、報復、污辱、表現出來、抽離、喝酒、離開現場。

◆**你會彰顯出什麼情緒？**

範例：憤怒、傷心、氣憤、挫敗、受傷、嫉妒、疑惑。

◆**你內心深處真正感受是什麼？**

範例：悲傷、受傷、痛苦、排拒、孤單、孤立。

◆你希望會發生什麼？

範例：他能意識到自己做了什麼、他能改變、他會回應我、他也是愛我的、他會沒事的。

◆你真正需要的是什麼？

範例：有人能回應我的感受、均衡的另一半、珍惜彼此、有人能理解我、有人把我放在第一位、有人能有同理心。

學習找出自己的依附類型和早期FOO經驗，可以幫助你了解自己如何應付特定的社交危機、與他人互動的方式以及如何調適情緒的方法。這些要件整合在一起，會在戀愛成功或失敗上扮演一大要角。這些知識能避免你被情緒綁架思考，出現有問題的回應。你可以有效應用情緒，解決個人問題，在被刺激時成功回應。一旦你能辨識出無法付出情感另一半身上內化的「陷阱」，就能知道自己是如何陷進去，要如何解脫。下一章可以在你決定要與無法付出情感另一半分手時，幫助你理解自己應該要如何調適痛苦的情緒。

Chapter 09

如何不吃回頭草

熬過分手的痛苦

失戀分手是人生裡最難受的時光之一，至少這段時間有偌大壓力，通常人們會藉此尋求治療，有時還是第一次接受治療。當愛人離開了你，讓你傷心欲絕，當然非常不好受，可若你愛的人不僅無法回應感情，還利用你的心意，也是非常糟糕。

分手通常會讓我們專注在該段感情已經消失的部分，不斷重複放送。這段過程是有時限的反芻時光，你會從各種角度持續思考到底發生什麼事、為什麼會如此，深陷其中動彈不得。這固然是嘗試想解決問題，但這不僅沒有用，還會讓你感覺更糟，導致出現更多的悲傷、焦慮和憂鬱。反芻會持續讓你的生活處在負面情緒中。如果你想反思某件事，就需要別的東西轉移你的注意力。不論是什麼樣的活動都好，但你一定要做其他事情來讓思緒擺脫泥淖。既然你無法控制自己不去想，最好就是用不同想法來取代重複的思維。

失控的迷戀

我曾在第六章提過愛情的初期階段——「迷戀」。有些心理學文獻會以負面字義來定義「迷戀」，指出有些人儘管得不到回饋，仍會持續保有戀愛時愉快的感覺。這就好比某個人將剛戀愛時的充沛愛意倒入一個碗中，加上少許癮頭和強迫症，再攪拌均勻。當對方沒有辦法回報你的情意，可是你對他的感覺仍舊強化不止，這就有問題了。

對於無法付出情感者抱有的感覺，相關的種種想法可能會蔓延，甚至最後超出你能控制的範圍。戀愛時這種不確定感，其實反而是使你更有戀愛感覺的主要驅動力。當你持續尋找自己是否獲得回應的愛，這過程會被心情起伏不定而取代，有些極端例子還會阻礙你的正常能力。如果你偶爾確實獲得正向的信號，那事情就會變得更糟，這通常會產生一個回饋迴圈，讓你更積極的回報對方。陷入這種迴圈的人，其行為的積極程度足以被冠上「強迫症」和「上癮」的標籤。

即便你是「甩人的一方」而非「被甩的那一個」，失戀仍然不容易。因此，在戀情終結時學著如何承受痛苦和沮喪——拋棄反芻和自我挫敗的行為，可以幫你有信心地向前走，也能幫你避免自己重新再度陷入同樣的感情中，當大腦被綁架，腦中出現「回去他身邊吧」的念頭時，你可以有不同的應對方法，做出更健康的選擇。重點在於要如何同時理解並承受、管理痛苦的情緒。

管理負面情緒的整合方法

許多心理學理論對於情緒如何運作有不同的治療方式。以整合式方式結合多種方法（例如認知性行為治療、情緒取向治療和正念減壓），就能學會如何在痛苦（如心碎）期間能更有效的管理、調節自己的情緒。第一章提過的「GET SMART」縮寫概念可以幫你記下制定好的策略，協助你熬過失戀的痛苦。

G——目標取向

目標取向意指專注在你向前邁進時想達成的目標上。為自己發想一個特定目標來管理與感情有關的壓力。目標要明確指出你要的（而非不想要的）是什麼。即便你覺得不舒服也要持續去做，這一點很重要，因為沒有任何目標或放棄設定的目標，會讓你更痛苦。事實是，如果你能持續為自己訂定新目標，你會過得更開心。訂定目標的價值雖然不言自明，但你會意外其實有很多人無法明確找出自己的目標。第十章我們會更深入的討論如何打造目標。

E——情緒管理

你才剛學會一大堆關於情緒的知識以及情感察知的重要性。好好辨識自己深藏的脆弱情感以及用來反應的防禦型情感，這對管理情緒有很大的幫助。培養耐受性或調節情緒的能力，對於擺脫讓你深陷其中的過往問題很重要。不順的戀愛和心碎皆是人們經常深陷其中的狀況。培養情緒耐受力有三種非常棒的方法：重新建構思考、自我撫慰與正念練習，這些分別是接下來三個縮寫概念。

T——重新建構思考

思考是能產生情感的強大機制。很久以前，心理學家就已經發現這種現象，並以此概念發展出許多非常成功的治療方法（例如認知性行為治療和理性情緒治療）。有些思考是不理性或不正常的，這類思考會刺激負面情緒；有的思考非常廣面，成為你看待這世界的角度——就變成你的個人主題。舉例來說，「我堅決不了」是負面思考和「我不值得」這個負面主題。思考和主題可以是很快浮現的自發性念頭，甚至潛意識裡出現的都算。就如你想像的，在負面主題的基礎上生活就可能會使負面信念成真。人們通常會反覆回想這類想法，然後扭曲的想法、主題和態度會形構負面心態，最後組成對自我、他人、所處世界、未來以及最終自我感受的負面觀感。

認知為主的治療方法會鼓勵我們創造更多均衡且實際的想法，來挑戰自己的負面思考、信念和核心主題。認知性方法強調如何改變想法（並把想法和情感連結起來，但連結的方法和前一章解釋得有點差異）。此法的基本原理是感覺起先就建立在扭曲想法上。我們很多的扭曲想法多半被預設是「自發性的」、潛意識出現在腦海中。產生正面思考也很棒，但最被廣泛接受的作法反而是讓想法維持中立。你也可以拆解負面思考的邏輯，找出能證實負面思考不是真實的證據，了解為什麼這樣思考沒有效用。

以下便是負面認知的流程圖

情境／刺激
（發生了什麼事？）

⬇

覺知／自發性的負面思緒／不正常的信念
（你怎麼告訴自己的？）

⬇

感覺
（你有什麼感受？）

⬇

行為／反應
（你怎麼做？）

⬇

再檢視自發性的負面思緒／不正常的信念
（這些思考／信念非真的證據在哪？你是否有不理性的想法？
你能否有更好的其他思考？）

⬇

再檢視自發性負面思緒／信念之後的感覺
（改變思考和信念後是否感覺好一點？）

⬇

根據再檢視思緒／信念而有的行為／反應
（比較健康的其他行為是什麼？）

以下是琳恩的認知流程

情境／刺激

自己坐著，不斷想著失戀

⬇

覺知／自發性的負面思緒／不正常的信念

我無法找到命中的那一個人；我不配被愛、不值得；男人都不可靠。

⬇

不正常的信念

我不值得擁有愛。

⬇

感覺

憤怒、傷心、悲傷

⬇

行為／反應

開始哭泣；或許我該回到他身邊。

⬇

再檢視自發性的負面思緒

或許不全是我的問題，可能是他，他當不了好的另一半。

很多男人都單戀我，但我似乎忽略了其中的好男人。

「永不」是個強烈的字詞，我該把這個字重新想成「可能找不到」。

⬇

再檢視不正常的信念

爸爸不愛我並不代表沒有人愛我！

我值得被好好對待，我不能再忍受那些不好的對待。

⬇

再檢視自發性負面思緒／信念之後的感覺

不再那麼憤怒、傷心、悲傷；更有動力在沒有他的狀況下繼續下去。

⬇

根據再檢視思緒／信念而有的行為／反應

比起只是坐著，我要戴上耳機，聽著我最愛的音樂去跑步。

我要聯絡那些通常能把我拉回軌道的朋友！

琳恩檢視自己非理性的自發性思考和信念後，發現改變思考的方法。這可以幫助她維持以實際、理性的角度思考感情和生活，她不會因為錯誤思考出現的感覺而有所反應。如果琳恩改變核心的負面信念，比如她認為自己不被愛，改成她可以被愛，那她就能以健康愛情的生活態度予以行動。在進行重新建構思緒的練習時，一開始可能感受不會很明顯，但隨時間過去，就能感受到不同思考的正面影響。

你也可以更進一步應用認知性方法。還記得不久前才提到「吸引力法則」的詭計嗎？我一開始聽到這個概念時，我立刻認為這是另一種挑戰負面思考和信念的方法。吸引力法則提到的概念其實與這部分有關。重點在於把負面思考轉念成正面思考以及發展正向期望。期望有一個充滿愛的健康戀愛（或人生裡任何你想要的事物）完全不是什麼壞事！

另一個認知性方法乍看似乎與直覺相悖，但還是值得一提，此法與有目的性的負面思考有關，特別是心碎的時候。失戀時，我們自然會把那個已經離開的人理想化，看看自己如何忘不了前任而痛苦的樣子吧。因此，故意專注在前任的缺點和缺陷，並回想這段感情裡不好的部分，其實是有幫助的。我建議詳細寫下這些負面內容，存取在手機裡，在你對前任或想到之前感情時翻出來看看。

S——自我撫慰

平靜和安撫自己皆是自我撫慰的形式，當你感到不知所措或痛苦時，這是非常重要的技能，人生裡也有很多無法控制的情況，這也會非常有用。如果你以前沒有學會如何安撫自己，現在就需要開始學習。你可不想因為不知道如何安撫自己，就回頭繼續一段糟糕的戀愛吧！

自我撫慰時是以關愛的方式專注內心，而非轉向外在任何有害或不健康如酒精或暴飲暴食的事物。你要利用內在資源來讓自己感覺好一點。這些資源通常是指五感：視覺、聽覺、嗅覺、味覺和觸覺。失戀分手後感到痛苦和孤單時，有自我撫慰的能力會相當有幫助。這是能體驗不舒服的情緒，任其最後消失而非使它們惡化的方法。在你感覺非常糟糕時，記下五感分別感受到的感覺，下面就以琳恩列出的內容作為範例。

◆ **視覺**：我喜歡欣賞印象派藝術品，我會翻閱茶几上有美麗畫作的書籍，我也喜歡去住家附近的日式花園散步。我明天就去走走吧。

◆ **聽覺**：只要播放我最愛的音樂，我就會不自覺地跳起舞來。每天我至少會聽一小時的音樂，我也要來聽音樂運動！

◆**嗅覺**：我喜歡點上我最愛的肉桂味香氛蠟燭，我也可以來做些肉桂捲，這樣家裡就能一整天都很香。

◆**味覺**：我當然要吃些肉桂捲！我也喜歡香草茶，我來看看是否有朋友能陪我去最愛的西班牙餐酒館。

◆**觸覺**：我要用泡澡球來好好泡個澡，還要用烘乾機把毛巾烘暖，好在泡完澡可以馬上用，因為我超愛這樣做！我還要花更多時間好好寵愛我的狗狗。

你值得更多的安慰，所以千萬不要想說自己不值得。安慰自己不僅合理也是必要的事，這完全沒有錯。從別人那裡得到安慰當然很棒，但事實是這不見得每次都行得通。為了讓五感更活躍所以尋求更健康、更愉悅的活動，不需要感到罪惡。

M——正念

正念是指在沒有自我評斷之下，全然專注、察知所處當下的一切事物。正念覺知可以陶冶身心，過去以來正念都是靈修活動，現在還是可以當作靈修。然而現今人們主要以正念來調適壓力、負面的感覺、慢性疼痛、心理疾病等等。正念覺知可以幫助你學習

如何以同理心聯想到人生最重要的人：你自己！

正念可以用完全審慎、正式的方式來練習，例如冥想。正念冥想是一種能影響身體、姿勢和呼吸的特定靜坐練習。此類冥想專注在覺知上，使全身放鬆，鼓勵以毫無評斷、溫和且溫柔的態度對待自己。此種形態的冥想是可以每天培養正念的工具，是非常棒的調適策略。任何人都能學習這種練習，但需要經過正式指導。

正念也可以是日常活動裡非正式的練習。不論是正式和非正式的練習都有很大的收穫。失戀之後，一整天維持正念可以幫助你專注在要做的事情上，這樣內心就不會持續游移在實際上的感情痛苦。正念也能協助你可能體驗到的生理壓力反應，讓身心相互結合。平靜心情可以幫你控制壓力，好能更有建設性地回應壓力。有很多很棒的研究都告訴我們，正念是可以減壓、減少多重心理、生理症狀、改善生活品質的強大方法。

在你嘗試熬過分手痛苦時，你絕對可以利用正念方法。認知性方法是為了轉念，正念練習則鼓勵你接納思考。你可能會很想要讓自己麻痺無感，但為什麼不讓自己去感受、哭泣、悲傷和治癒呢？察覺自己正經歷的各種情緒吧，以同理心、毫無評判的心態看待自己，在這段期間宛如和小孩或好友談話那般和自己對話。

被某人拒絕並不代表你未來能否被愛或是找到愛情的能力，這正是自我對話能協助或傷害到你的部分。你對自己解讀的失戀，將對你如何看待自己的力量和能力有深遠影響。如果這次分手讓你學到的是你想要改變自己的部分，那不論如何請努力改變吧。但請小心，若無偏見地接納已經不再有用，就不要過分執著在自己身上。

另一種正念策略是避免究責任何人。或許這段感情本來其實就不對，而且這絕對不是任何人的錯。我們的心態總想把某人當成整件事的罪魁禍首，為什麼不能把變化（包含感情裡的變異）視為不可避免的呢？為新的可能性保留空間吧，當一扇門關起來，就會有另一扇門打開。這聽起來雖然是老生常談，但真的就是如此。在分手後保持正念似乎是很奇怪的事，但不見得要想成這樣！

A——依附類型

本書一直反覆提到的概念就是依附類型。找出自己屬於哪種依附類型，以及這如何影響你的個人行為是很重要的。這能讓你了解為什麼自己一開始會陷入這段感情，如何擺脫現況，為自己做出更好的選擇。第五章和第六章都討論到依附類型如何在人生早期形塑，以及會如何影響你的戀愛行為。這一章裡，我要討論的主要是依附類型如何影響戀愛結果。感到痛苦時，依附系統想當然也在發揮作用。根據你投資多少心力在這段感情上還有你有多愛對方，失戀分手時可能會非常非常痛苦，而你的依附類型可能協助或阻礙你成功擺脫這段關係、從中治癒自己的能力。

如果你是安全感依附類型，那你可能會在面臨分手、沒有對方的情況下改變生活狀態時有最健康的反應。一個原因是因為安全感依附類型的人多半會以健康的方法調適。舉例來說，他們會和非常親密的親友們談話、運動、尋找比較快樂的活動做。他們不會陷入自我毀滅的模式或轉向尋求藥物。他們會讓自己有一段自然悲傷的過程，努力了解究竟發生了什麼，以及背後的原因。這類型的人還有一個重要的現象，那就是他們不太會責怪自己或認為自己不被愛。另一方面，不安全依附類型的人就可能會用不健康的調適方法，試圖回到同一段感情裡（即便該段感情就是不健康），還會做出會傷害自己以及傷害（離開自己的）對方的行為。對於如何接受分手結果，繼續向前，第十章將會提供更多內容。

R——向他人尋求連結

分手之後向他人尋求幫助、支持和安慰是很重要的。這類協助可能來自朋友、家人、親戚、支持團體或治療師，也是參與多種活動結交新朋友的良機，活動可能與學校或職場有關、新的嗜好、參與慈善機構的活動，或是造訪一些宗教場所。

找出自己支持系統裡的良好模範——要是健康且有回復力的人。花時間與這些人面對面相處，你可能想和他們談談失戀，或單純只是需要對方陪伴也可以。花時間與珍視你的人、有正向影響力的人、可以毫無偏見聆聽你的人相處。如果你沒有強大的支持系統，那也值得尋找治療師幫忙。千萬別試著自己調適失戀的痛苦，因為比起有支持系統協助，自己孤軍奮戰更難。

T——轉型行為

就算你現在正處於痛苦中，並不代表你就可以為所欲為。至少報復性、毀滅性或衝動性的行為都無法幫助你熬過這段痛苦。最重要的是你也要抵禦「故態復萌」的行為。

反反覆覆、分分合合的感情，都會延長這份痛苦，妨礙治癒的過程。你一定要練習去做有幫助、健康且正向的行為。

丟掉（或刪除）任何前任或你們在一起時的照片也很有用，你應該要刪除或中斷使用社群媒體一段時間，因為社群媒體會讓你在試著忘懷失戀時感到不必要的憤怒。你也應該將手機裡前任男友的電話刪除或設定封鎖，消除這段感情的所有痕跡，都能幫助你向前走。

別讓自己處於「受害者」模式太久。一段時間之後，其他人就不想再聽你毫無止盡的談論前任男友了。他們會對你的訴苦和抱怨開始厭煩，你本來得到的同情和同理心在到達飽和點之後就沒有幫助了，反而會促使他們進入一個進退兩難的心態。盡你所能別去提到前任男友的名字，或再討論任何他曾對你做過的壞事，也別到會碰到他的場合或地方。

請不要馬上開始新的戀愛，儘管我知道這可能很難抗拒。給自己時間哀悼剛終結的感情，因為不論心理還是情感上你都還沒準備好要接納新對象。只要遵照這些提醒去做，你可能會驚訝自己可以這麼快就準備好迎接新戀情。

好好應用「GET SMART」策略，你就能做好萬全準備，熬過分手後最醜陋、痛苦的階段。你不需要被無法付出情感的男人綁架！你其實比自己所想的更有能力控制感覺和行為。請記得，你的情緒連結的是你的需求，這種痛苦情緒背後就是渴望，而渴望通常是尋求與他人連接，不只要愛也要被愛。

忘掉錯誤的對象才能讓你有機會碰到對的人，你還是會有想擁有親密關係的渴望，不需要在一段感情結束後，陷入持續性哀悼的過程當中。

Chapter 10

帶著明確的自信向前走

想想自己目前的生活和戀愛是什麼處境。如果你並不滿意，那你希望是什麼樣子呢？你能否想像自己變成理想的樣子？如果你想的是「我想要快樂的談一場好棒的戀愛」，這幾乎是每個人的理想！可是你並未清楚描繪出理想情景或者你對理想的感受。如果你目前正在評估自己的生活和戀愛，是因為和無法付出情感的男人交往而痛苦，那你需要對自己想要的人生有非常明確的未來想像。千萬不要在沒有清楚方向時去走迂迴曲折的人生路，你需要知道如何抵達想要去的地方，這一步需要設定目標，製作完成目標的路線圖。

設定目標

設定目標是指找出自己期望完成的事，可以是人生的任何一個面向：戀愛、工作、財務狀況、健康等等。你可以一次做很多改變，或是一次專注在一個目標上。你的目標應該隸屬自己的核心價值系統，設定目標能幫你在希望改變的生活面向上維持主動積極（而非只是有所反應而已）。設定目標應該是持續性的，在你完成一項目標後，好好收穫榮耀，接著就設定另一個！人會持續設定自己努力邁進的目標、讓自己不斷成長時更快樂、更健康。

你可能有很多目標，其中應該要有一項是「戀愛」。如果你能反映出自己的核心價值，那你就會知道自己該從哪裡開始。個人核心價值是指自己的基本信念和奉行的生活守則。這些價值會告訴你是非對錯，什麼對你來說才是重要的。舉例來說，戀愛時你的核心價值可能包含誠實、責任、勤勞、同理心和承諾，那你就以這些價值為主去規劃戀愛目標。

你訂定的目標大多與自己想達成的事物與所謂成長目標有關。維持剛完成的目標也是心態成長的一部分，但是有很多人會為了避免出現特定結果而設定目標，即所謂「迴避型目標（avoidance goal）」。例如你正與無法付出情感的男人交往，那你的成長目標可能是結束這段關係；如果你正處在不同戀愛中，那迴避型目標就是讓自己不再陷入另一段不健康的戀愛。如果你想設定能達成且繼續維持的目標，那就要考慮設定目標時的要件。

目標需要追蹤：你需要一個系統來追蹤自己的進度，持續保有責任。如果自己追蹤行不通，那就找別人來幫助你。我們需要向另一個人回報進度時，就容易讓自己走在正軌上。你可以指定自己信任的人、教練或治療師來協助你維持下去。

使用日曆（不論是「老派」的紙本日曆或手機裡的月曆都好）聽起來很簡單，但這確實是很好的策略。你可以每天記下要達到目標完成了多少進度，有些手機應用程式專門用來追蹤目標，你可以找最適合自己目標和生活方式的那一種。你應該要每天都設定提醒事項，提示自己繼續努力完成目標。

如果你某天沒什麼進度可言，也不需喪失信心或沮喪。你想完成的這類改變通常艱困，退步的情況是會發生的。別對自己說做不到或算了吧的話，問問自己發生什麼事讓自己躑躅不前，是什麼事情促使自己退步？保持好奇的心態和分析思考，而非自我批判和負面思維。

目標要有獨特性：目標需精確詳述。目標可不是許願、夢想或任何幻想，而是有限且需專注的事項。你應該要能設想得到，達成（一個或多個）目標時自己的狀態、人生和戀愛會是什麼樣貌。你應該要能分辨出目標對象、內容、背後原因、地點和過程。目標應該可以拆解成較小且完成得了的部分。

目標要可以量測：你需要能測量進度的方法。有些目標進度顯而易見，舉例來說，如果你的目標是減掉十磅重，那體重計上的指標指到較小數字時，就表示你確實有往目標邁進。但人生目標和戀愛目標，量測目標進度就會比較難。如果你改變了自己的約會或戀愛模式，就可能得計算自助書籍讀了多少頁、找治療師的次數、日記裡紀錄多少，是否每天使用心情監測應用程式來計量。

目標要有時間表：對於完成目標或這期間一步步完成小目標，你應該要有大概的時間表。想想自己應該能達成目標或有重大進展的那一刻。你需要思考自己今天、下禮拜、下個月或明年能完成多少，你也應該能為了完成目標而努力遵循時間表。

目標要可以達成：目標一定要實際且能做得到的事，要全盤考慮到任何能達到目標的部分，包括內部和外部資源、天賦、技藝、能力、取得協助支持的管道等等。你已經為了達成目標和個人改變用盡自己範圍內的必要技術和能力，你也需要運用其他或外在資源。有些人可以靠一己之力減去十磅，而其他人可能需要營養師或私人健身教練。尋求專家幫助自己完成目標並沒有錯。

目標需是相關的：相關的目標要以對你而言非常重要的事物為基礎。就如先前討論過的，目標應該要與你的個人信念和核心價值相符。你要考慮自己列出的目標是否能讓你感到滿足、喜悅，也要相信這個目標能輕鬆融入生活中。如果目標確實相關，那就能讓你展現更好的自己！

自尊心

以個人角度對自己的能力和價值有信心就是自尊心。你和「自己」的關係——也就是你認定自己是誰以及如何看待自己——會嚴重影響到你如何看待世界和他人。自尊會影響到自己如何接受（或不接受）不被他人善待，以及接受與否的底線要如何設定。我之所以在此提到自尊心，因為完成目標能提升自尊，是讓自己感覺提升的主要路徑。你應該要制定一個能直接表達自尊心面向的目標——例如改變自我負面對談或信念。你要知道，完成目標才是改變你與你自己內在核心關係的要件。

自我學習

你要盡可能的學習、閱讀、聆聽、講述、研究和體驗想達成的（一個或多個）目標。目前已經有很多資源可以幫助自己自我學習，大部分都是正規學習課程的一部分，資源舉凡是書本、工作坊、網路課程等都能幫助你、引導你完成目標。如果你得學習新技能來達成目標也不需感到意外，教育也是達成目標之前得完成的階段。

重新恢復

若你已經栽在不健康的戀愛關係裡，那目標設定肯定要包含恢復方針。字典中給「恢復」一詞的定義是「經歷困難階段後回到正常狀態」，這定義講得真好。「恢復」也能用在癮症的世界，想痊癒的人會積極參與療程，讓自己維持清醒或抑制自己不再有不健康的衝動行為。這個詞語或許會令人感到受辱，但我鼓勵你對字典裡的一般定義，以及該詞語如何影響愛情生活抱持開放的心態。恢復的每個環節都非常重要，本書第十二章將會詳述這個部分。

以下是描述莉雅設定目標所用策略的範例。

莉雅已經二十九歲了，她受過良好的教育，職場上也相當成功。但是她的戀愛生活卻是另一回事。她發現自己總是會與無法付出情感的男人在一起，他們通常都不願意付出承諾，不然就都是媽寶。經過上一回失戀之痛後，莉雅坐下來好好寫下自己的約會和戀愛目標，其內容如下：

你的目標是什麼？為什麼這目標如此重要？

為了能決定好要與誰約會，想知道能和對方在一起多久的時間其實是錯誤的想法。我也想了解為什麼在選擇對象上我總是犯錯，這一點很重要，因為我總有一天想要結婚，想要和適合且可靠的另一半共同孕育孩子。我也不想再經歷心理創傷。我的目標與我的價值觀相符，因為我也是以此來看待自己。我是個可以分享很多的好人，我需要一個能珍視這一點，並且和我有共同想法的人。

要達到這個目標，有哪些比較小的執行要項呢？

1. 找一位好的治療師，找出我之所以會有這些選擇的原因，好讓我維持在正軌上。

2. 多與朋友討論我的約會與戀愛經驗，因為他們會比我更客觀，我要仔細聆聽他們的建議。
3. 多閱讀與此主題相關的自助書籍。
4. 開發一個新嗜好，例如攝影，我一直很想去做，但從未有時間去執行。這可以讓我生活更均衡。
5. 寫下理想對象一定要有的特質，以及哪些是我的地雷。
6. 以便條紙寫下正面的表述，放在家裡不同地方，每天提醒自己。
7. 開始使用正念冥想的手機應用程式，調整好自己的思考和感受，培養自我察知。

期望完成此目標的時間表是什麼？

我要從今天就開始執行，我想我能在九個月至一年期間內完成這個目標。

如果進度落後或遭遇困難時怎麼辦？

我要與治療師或我最好的朋友討論任何阻礙我完成目標的問題，我想我多少都會犯錯的，但我會溫和地接受自己犯錯的事實。

主導自己的人生

與無法付出情感的男人交往會讓生活失控。如果你想要重拾對於時間、愛情、生活的掌控權，那一定要相信自己可以完美掌控自己，這包含放棄自己可以控制另一半的想法，改成專注控管自己的反應和行為。你的目標應該是讓自己持續專注在這個軌道上，保持動力。

毫無動靜的目標根本不值得多談。為了達成目標有所行動需要自律，這是抱持目標時最困難的部分之一。自律和保持幹勁對於個人生活相關的目標來說自然非常重要，但你最後獲得的卻是無形且珍貴。你會獲得自己想要的戀愛，並且有權利去談這樣的戀愛。未做任何改變的結果，將是持續不斷的痛苦和絕望。

隨著你努力向目標邁進，你將面臨許多要抉擇的情況。每個決定都會有其影響，使你繼續前進或可能後退。你生活中的其他人，即便是那些說要支持你的，也可能在看見你改變後的影響而排拒你的努力，例子如下：

◆你發現自己一定要釐清個人底線。你的母親替你感到開心，因為她曾見識過那些所謂的「爛桃花」。但你的計畫中也包含要與母親之間有所設限，在你減少和母親相處的時間，拒絕把所有戀愛、約會細節告訴她時，她就開始不滿。你做出的積極改變，其實反而影響到她，但這對你的成長又是必要之措。

◆你與無法付出情感的戀愛對象又分手（無數次）之後，他又試著想回頭找你了。你通常拒絕幾天（有時候僅僅數小時）後就會回撥電話給他，但這一次你很快就刪除他的簡訊，封鎖了他的號碼。他跑到你工作的店裡，想要再試一次。他不習慣你這樣的反應，開始對你堅決的「不要」、要求他立刻離開感到不滿。

◆你認識了新對象，對方想和你約會一整天。因為這個人似乎很好，所以你非常開心。過去你總會馬上掏心掏肺的陷下去，但現在你有新的目標和標準，你決定要先去自己報名的瑜伽課，接著與老朋友一起吃頓午餐。這個人對此感到失望，但他理解你有更重要的事要做。

◆你的朋友們都知道你總會和他們一起出遊、玩樂。你已經決定要減少出門，想存點錢，同時也決定要報名網路課程，這將花上不少的時間與精力。朋友們都表示很支持你為自己做出這些改變，但現在他們發現這些改變真正的意義——少和他們一起玩。

回應對方排斥最好的方式就是避免回到過往的思考和行為方式。你應該緩下來，全盤了解自己選擇後會有什麼結果，然後專心在這些事情上一段時間。不同的情況又是如何呢？哪些行為會讓自己回想到以前不好的習慣？哪些行為與自己設定的目標相符？請了解、預備好接受其他人可能會失望或對你的選擇（即便是健全的選擇！）感到不滿，這樣就能讓你維持掌控自己的生活，也讓你感到自己確實有了控制權。

保持幹勁

設定目標，讓自己專注可以策動自己有所改變。不過我們都知道要維持幹勁不見得那麼簡單，以下是幾個可以協助你保持動力的方法。

視覺化

視覺化是指設想一個成功的心理圖像。讓自己毫無設限的夢想、幻想自己未來能成就活躍成功的狀態。你也能把之前的狀態、一路走到今天的情況予以視覺化。這是一種認知法，讓你利用想像力實現自己期望能達成的結果。這可以是完全心理層面的練習，但有些人會把視覺化的思考寫下來，或是用不同圖像來打造「視覺圖畫」，彰顯出視覺化。你可以用冥想或刻意花時間來完成視覺化，也可以在想要做的時候再做，讓自己的心緒飛揚遊走。視覺化的重點應該是自己達成想完成的戀愛或工作生活目標，視覺化是更具體的想像自己未來期望的事物。你應該要每天做視覺化練習，想像自己成功達成目標的樣子。

尋找範本對象

你是否認識哪一個已經成功做到你想完成之事的人？實際生活中誰啟發了你？多花時間與這些人相處，甚至從他們大腦汲取資訊。身邊的人在你能否成功完成目標上扮演重要角色。避免與悲觀或負面的人相處，如果你身邊沒有什麼範本對象，那當然可以找有啟發性的名人、作家、藝術家、講者和其他公眾人物為標竿。

不斷尋找能刺激動力的元素

有誘發動力本質的東西很多，舉凡是書籍、名言、網站、臉書社群、影片、TEDx演說平台等等。讓自己接觸其他人的正面故事或想法就能改變心態，在力不從心時持續為自己補充所需的動力。你也可以刻意用便利貼寫上正面話語或引言，放在每天都能見到的地方，來策勵自己。

現在，你已經知道為什麼維持目標取向能協助你獲得理想戀愛和生活。記得，你可以隨自己的想法調整或重新評估設定的目標。你可能也發現，一項目標一定得進一步拆解成能達成的部分，或一定要整合一開始根本想不到的全新元素。多專注在達成目標的過程而非結果，讓自己能在不過分自我批判而懲罰自己之下放鬆，還有請在設定目標時，同時規劃能抵禦潛在失敗或困頓的應對方法。打造目標就是讓自己更清楚自信地向前邁進，而不是要求事事完美。下面幾章將會持續引導你繼續朝這目標前進。

Chapter 11

健康的戀愛關係

每天遇到不同伴侶來找我諮商，協助他們解決問題，這讓我得以概括了解他們試圖恢復兩人愛情時碰到的疑難雜症。愛不簡單哪！我最常看見的情況之一是，雙方對彼此不滿的部分早在相互託付終身之前就已經存在。這可能是不討喜的個性、脾氣不好、壞習慣、癮症等等。儘管是這些有問題的特質和行為，人們仍舊願意為之許下承諾，大多情況都是如此！因此，本章節我將「逆向推論」——從我在婚姻不滿的伴侶身上看到的問題來探討。我希望這樣的討論方式可以讓你避免未來為之困擾。談到感情戀愛，我勢必要協助你遵守唯一準則：明智審慎選擇另一半！

約會／交往

約會其實讓人摸不著頭緒！許多男人和女人根本不太知道如何進行「好的」約會。他們多半對結果操之過急，反而無法正確表現，找出坐在自己對面的人是否是合適（還是徹底不合）的對象。約會過程若缺乏責任心，就會草率行動，忽略他們對另一名當事者會造成什麼印象。此外，約會這件事在數位時代演變得更是神祕。高科技產品使約會過程變得更加複雜，甚至大幅減少了約會該有的責任。要透過簡訊來了解人的心思很難，明明對方一定會盯著手機不放，可是自己卻無法聯繫上他，當他有辦法完全不理睬你時更令人受挫。我也認為，對話交流在如今這個世道也變成即將滅絕的藝術。儘管如此，我們遲早都要懂得分辨對方是否為適合交往的對象。

在這麼多混亂的信號和疑惑之下，如何正確進行約會就值得探討，如果你想要的是長期穩定的承諾關係更是需要。先來討論一些約會可以做與不該做的部分吧，這不只是能讓你的約會努力成功，還能幫助你從一開始就察覺對方是否是無法付出情感的人。

約會時可以做的：

◆清楚知道這次約會的目標。你是想要一夜情，還是長期穩定的戀愛或結婚？
◆確認自己除了戀愛生活之外，其他生活面向都感到滿足。
◆預設這次約會不理想，你碰到的人不是喜歡的類型，或是對方就是完全跟你不合。事先做好準備，對約會保持心胸開闊，以樂觀心情看待。
◆決定自己希望被追，還是不介意去追求對方。但請準備好，這可能永遠不會有改變的時候。所以如果你追求對方又希望對方能有所回應，回頭追求你，這應該不太可能發生。

◆比起言語，請多花心思注意行為舉止。

◆請持續約會，直到確認有一個明確（且已經「深談」過）的對象。許多女人會保持「一次一個」的策略，但這樣不見得能碰到好對象。

◆請專注在彼此有同步的適性與價值觀，而非是否有火花或肢體上的吸引力。

◆網路約會要非常小心。不幸的是人們多半傾向說謊，只是想找一夜情，或把約會當作「運動」，同時進行多個約會，沒有想要談戀愛的意願。然而另一方面，網路約會其實能大大提升認識對象的機會，通常都是一般情況碰不到的類型。

◆如果你馬上感受到下列感覺，請務必謹慎小心：

· 強烈的性吸引力或火花

· 想要幫助／拯救／解救他

· 想要照顧他

· 他和你所有可怕的前男友們很像

◆仔細聆聽、相信對方告訴你的事！很多人會在第一次約會就把該讓你知道的資訊全盤托出。

約會時不要做出：

◆如果對方的行為很糟糕，也不要立刻責怪自己。

◆如果你心情正好很糟或碰到個人問題（比如身邊有人過世了、離婚等等），先不要約會。

◆別相信什麼靈魂伴侶的心理說詞，一定還有很多適合你的對象。

◆不要與「居住地區非常遠」的人約會，一定要找能面對面談戀愛的對象。

◆別過份分析約會的對象，或者是一直想像對方是怎麼看你的；該反問自己對他的印象如何。

◆別因為約會「無聊」或對方不是你喜歡的類型就馬上放棄。你可能遇到了璞玉，需要更多時間才能深入了解對方。說不定這個人才是活生生、真實能付出情感給你的人！

試著打幾次電話給可以約會的對象，不要只傳簡訊卻不講電話或約見面。如果已經有幾次講電話聊得很來，最好盡快約見面時間。我知道這方法很浪費時間，但有些約會對象在電話上或傳簡訊時跟你很合得來，結果見上面後完全不搭軋。

第一次約會應該是沒有壓力、輕鬆的狀態。如果你們是網路上認識，那可以去喝杯咖啡。別在第一次約會時就去酒吧或是喝酒，你得讓自己保持聰慧。如果對方是你已經認識的人，他建議去吃頓午餐或晚餐，沒問題就去吧，你們見面就是要決定對方是否適合你。你可以從雙方交談的內容和對方的行為得知該知道的資訊，因此約會時你做了什麼、是否喝咖啡或吃了午餐，都不比你能實際看到、聽到這個坐在對面的人是什麼樣貌來得重要。

海瑟在網路上認識崔佛後覺得非常新鮮，他很直白，幾次傳簡訊和講了一次電話後就直接表明想約她見面。根據目前對他的了解，她確實對他非常感興趣——他看起來是很棒的人。但是當他們真的見完面後，她只覺得失望。他本人沒有他網路照片上來得好看，因此她並沒有感到緊張或興奮。當下她決定不失禮的結束這場約會，之後再找其他對象。

然而傍晚約會即將結束前，事情在崔佛意外接了通電話，不得不先離席後有了轉折。海瑟一開始覺得很怪，但是崔佛回到座位上後，他開始提到自己是 Big Brother 機構的志願輔導員，他說他每週六早上會去指導窮困孩子打籃球。她完全不敢相信自己聽到的：這個高階行政主管竟然會以這種方法花時間協助弱小。海瑟決定不管彼此目前還沒有什麼火花，她知道自己欣賞這個男人，想進一步認識他。

許多女人會瞧不起像崔佛這般心地善良、穩重且專一的男人。在一開始沒有感受到對彼此的吸引力和化學效應後，多半就認為這個男人不適合自己。千萬別犯這種錯！忽略警訊（和輕視好的信號）將會讓你持續陷入悲慘的戀愛。

戀愛的剛開始

若說第一次約會還不錯，你也同意要再和對方見面，那前兩個月你就要決定對方是否確實適合、是否符合你的條件。你應該知道自己應付得了的迷人怪癖與讓你痛苦不堪的個性缺點差別在哪。你也該大膽表明心裡的想法：說出自己的意願和對你而言重要的是什麼。很擔心對方怎麼看你時，要做到這一點是很難，我建議你不要太擔心他，反而要多替自己想。如果沒想到自己、自己的價值觀和未來的目標，可能會讓你持續選錯預期對象。

雖然是自然而然發展，但可別倉促就談戀愛。別讓自己成為因為一時瘋狂迷戀的受害者，我的意思是指「現在不把握就錯過了」的感覺。如果對方真的註定會和你在一起，那你決定要步調慢一點時，他也不可能突然消失。對，我知道還是有例外的情況。我們都聽過至少一次這樣的故事：兩人相遇後立刻墜入愛河，三週後決定結婚，永遠過著快樂的日子。可是，大多數的情況多是因為發展太迅速反而感情受到重創。你也不想成為對方一開始展現浪漫多情的獵物，他不斷丟「愛情炸彈」給你，但最後反而莫名消失不知去向。請讓感情順勢發展下去，才能預防未來的痛苦。

緩慢穩定發展的戀情有太多值得討論的優勢了。就如第六章我們曾討論過的愛情，戀愛時大腦中的理性部分其實沒有在運作，大腦要花非常大的氣力，克制不讓你做出衝動之舉。要讓心智前線努力維持理性，堅守自己了解的自我和習性確實很難，但卻非完全不可能。在第五章探索家族史後，你對於自己約會和戀愛時為什麼會有特定行為應該有所了解。積極思考自己想要和需要的部分，對那位可能是人生另一半的人勇於表達這些想法。明確展現自己的價值觀，藉以引導自己選出可能戀愛的對象。如果你發現潛在對象與自己的價值觀和需要不符，也要做好事情可能有不同發展結果的準備。

你的時間很寶貴，應該要捍衛它。就算今天生活裡出現新的人，也不需要把工作、嗜好和友誼擱置一旁。一旦失衡，你可能就難以重新調整平衡。把所有「情感雞蛋」放在單一籃子絕對不是好事。在你想將可能戀愛對象融入生活之時，也要維持自己的個體性和獨立，這個人應該要舒服地融入你的生活中，你也應該要自在地融入他的生活裡。

初期約會問題

要緩下步調以正念心態約會，你得在約會期間整理自己的心和直覺。避免因為浪漫喜悅而阻礙自己回想約會過程，以及當下雙方如何互動。以下是幾個你在與新對象約會時可以問問自己的問題：

1. 我喜歡這個人嗎？
2. 對方是否對我和其他人都一樣有禮貌並且尊重？
3. 我們彼此的價值觀和想法目前都一致嗎？
4. 這個人是否有哪個地方讓我感到不舒服？
5. 我想找對方時，他是否以合理的時間回應我？
6. 有任何顯而易見的警告或警訊嗎？
7. 我對這個人的直觀感受是什麼？
8. 這個人是否曾說還是曾做什麼讓我感到奇怪或厭惡的行為？

9. 我們彼此之間的化學反應非常強烈嗎？
10. 他是否有施壓想要發生關係，還是要我做任何我不希望做的事？

發生關係的時間點

什麼時候發生關係？這問題沒有絕對的正確或錯誤答案，但我要提出警告，如果你渴望的是長期穩定的戀愛而非一夜情，那請耐心等候。你需要問問自己，如果發生關係後這個人不再打給你，那你會有什麼感覺。如果你期望上床後他更願意給予承諾，那你就錯了。你最好等他做出與承諾相符的其他行為，再來考慮和他上床！千萬別認為你們之間沒有深度信任，靠一場性愛就能明確穩固你們的關係狀態。

性愛需求和親密感通常被視為新戀情能順利發展的指標——因為這種信號就代表「這個人喜歡我」，他願意投身在這段關係中。面對愛情時，我們經常會尋求各種方法來安撫我們的依附型焦慮，經由性愛來確認安定感是常見的方法。不過這個議題有所謂的性別差異。有的研究發現，戀愛初期提早展現渴求的女性，實際上會讓男性感到威脅！因此男性可能會以情感脫離的方式來回應這種行為，保護自己不受威脅。所以，戀愛期間提早展現性慾可能會造成反效果，因為這會牽扯到男人組織安定依附的能力。當男人是想有性愛親密接觸的主動方，才能提升建構安定羈絆的機會，不過你還是有權決定這是對是錯。女性想感受安全、安定，通常需要的不光是肢體互動，還要情感，因此先培養情感和理智上的親密度，似乎是戀愛剛開始最好的發展方向。

與無法付出情感的男人交往時會出現非常困惑的矛盾之處：如果這段感情不順，至少性愛會很棒。如果你與一個無法全心付出的男人有非常強烈的性愛吸引力，那和他做愛就成為無論如何都想持續尋找的興奮感——任何能讓你感到美好、讓你能繼續幻想他終究會是你的事物。通常這類性愛的熱情和歡愉就像中毒，讓你持續處在上癮狀態。但請了解，如果你剝除這段感情中的性愛部分，你擁有的根本所剩無幾，這並不是真正的雙向親密。

如果你把性愛當成是展現自己的愛、維持這段感情的方法，那就是身處在「性愛能讓他愛你、需要你」的錯誤假設中。你也要多關注在對方的性愛滿意度而非只有自己的部分。重要的是，你要知道以這種方式談戀愛其實很奸詐：你正利用性愛讓對方持續對你感興趣，這樣一來大多心力投入在肉慾上，你很就會把性愛引起的興奮感混淆成愛情；如你所見，這類感情發展無法揭露真正的感情問題所在，表面相安無事，但其實雙方的緊密感非常脆弱。

自我表露

談感情時多半會想「賣弄」自己，儘管很難維持下去，仍會不經意的自我膨脹。另一方面，你可能並未表現出約會對象需要知道的重要資訊。我們通常會把喜歡的對象理想化，也會展現出理想的自我。雖然很難，但你一定要在自我表露和短時間內不想讓對方知道的自己之間找到平衡。分享過多資訊，會讓對方覺得你很黏人、太熱切或是太無助，還可能使對方對你「無感」。專注消除被拒絕的恐懼感，而不是兩人互動時的品質和相互性，就會招致不好的結果。

如果你發現自己會主動掏心掏肺或持續分享自己的事，你一定要檢視這行為背後的動機。你可能是為了自己才這樣做。用「WAIT」來測試自己，問問自己「為什麼我會這樣說話？」，這個答案應該能協助你決定是否要繼續分享，或是該保留一點。分享應該要能獲得回應：兩人之間無數次的分享，可以建立信任感，使你們能願意為彼此冒感情風險。

一說到自我揭露，你是如何尋找平衡的呢？你們雙方的對話應該簡單自在，能讓真正的你有空間自然顯現。雙方之間的揭露應該有來有往，不要逃避有意義的自我揭露機會，當對方知道你羞於啟口的事後仍然想和你在一起，進一步了解你，就是非常大的慰藉。剛開始的幾次約會當然沒必要「全盤托出」，但是在你們要許下嚴謹承諾之前，對方還是需要能愛護、接納真正的你，你也該預設對方能有同樣的感受。沒有人希望被騙，或是因為這些祕密而被蒙在鼓裡，你不完美，但這沒有關係！

反之，有人讓你覺得自己不該分享時就要小心了。如果你分享後換來負面的評論或輕蔑，那就是警訊。對於一開始就表現出排斥某部分的你的人，或拒絕以同樣方式分享自己的事的人，就不要和這個人繼續來往。

警號和警告

要避免陷入無法付出感情且無法與你建立親密感的人布置的情網，理想的方式就是要提早辨識出警號。有些警訊可能只是警告，但有的卻是直接要你「快逃！」。

約會時不可忽視這些警訊：

◆對任何人都很無禮。最明顯的警告就是約會對象非常沒禮貌，或是兩人在一起時對和你有互動的服務人員態度非常糟糕。
◆不適當的社交行為或是漠視社會規範的舉止——例如講了非常殘忍的笑話、不斷罵髒話、隨便拿取不屬於自己的物品、違法停車、無法支付小費等等。
◆喝得爛醉。
◆逼迫你做任何你不願意的事，特別是上床。
◆表現得像是大醋桶，毫無風度。
◆急著要和你定下來。
◆跟你說他的每任前女友都是瘋子。
◆說你是完美的女神。
◆要小花招，或是無法專注在你身上。
◆對於你的興趣、工作、嗜好都無感，甚至是嗤之以鼻或予以批判。
◆只會談論關於自己的事。
◆永遠都遲到而且都不以為意。

◆從來沒有真正的約會，只是期望你去找他，兩人隨便出去玩。
◆對於談論自己的部分，一直神祕兮兮或是語帶保留。
◆他只能聊一些無所謂的小事或是很膚淺的對話。
◆他只會以嘲諷、挖苦或嘲笑的方式來展現幽默感。
◆超過一兩個小時才會回覆簡訊或電話。
◆明明經常傳簡訊（或傳性愛意涵的簡訊），但似乎又沒有計畫想和你在一起。
◆約會時從來不主動付錢。
◆關於你的事情，經常會說「你應該要」怎麼做。
◆發送很混亂的信號。
◆他告訴你自己很難有穩定的工作（而且他不知道原因）；或者是他經常被開除，或長時間處於失業狀態。
◆你的朋友們對他沒什麼好感。

同你族類的人

在你投入過多時間心力在可能的戀愛對象上之前，請徹底檢視一番。你可以先留意任何警告訊號，要決定一個人是否就是合適對象，這是一段持續的過程——直到你已經看見所有一切都有一致性、有綠燈可以通行為止。在社交圈中你信任、依賴的人——也就是同你族類——一定要加入這段審視過程。這包括你的親友，甚至是老一輩、更有智慧的女性知己。從同性和異性朋友（或他們的伴侶）那裡了解他們的看法，找出他們對這個潛在對象的印象。對於他們留意到的任何部分，尋求他們誠實的意見——例如這個人如何對待你、你們兩個人相處時氣氛如何、他們是否能想像你和這個人在一起等等任何相關事宜。你一定要有開闊的心胸，和他們討論期間也要避免捍衛、爭辯。

以下正是愛娃在和盧克交往後所做的事。她深深為他著迷，他很帥又聰明，還很風趣。他們有很多共同點，包括宗教信仰。他們甚至是在同一個社區長大，只是從來沒見過對方，直到兩個月前才認識。她目前唯一發現的警告訊號就是他偶爾表現很冷淡，還會好一段時間找藉口不回她的電話或簡訊。除此之外，他們的發展似乎滿順利。她很開心受邀參加友人舉辦的派對，因為她能藉此機會把盧克介紹給朋友。同時，她也告訴朋友們關於他的事，還有她是多麼喜歡他。

於是他們參加了聚會，玩得很開心，愛娃也迫不及待想知道隔天朋友會怎麼說。當她聽到朋友們對盧克和她在一起不太祝福時她非常灰心。事實上，盧克在派對上想搭訕她的其中一個朋友，另一名朋友則說她男友覺得這個男人很低級，因為他背著愛娃說了些粗俗的笑話。派對上他也經常向別人吹噓自己，他們覺得這個男人不怎麼樣。愛娃的戀愛幻滅了，她無法將自己認識的盧克與朋友說的盧克對照在一起，但根據自己過往的戀愛經驗，她需要留意別人看見的，因為往往都是她自己看不清楚。愛娃非常感謝朋友對她的坦誠，她並沒有生氣，反而就此與盧克保持距離，專注在其他真的想和她約會的對象上。

約會時的依附類型

你可能還記得前幾個章節曾提到，約會和戀愛都會啟動你的依附類型警鈴。無法付出情感的人多半是迴避型，而焦慮型的人傾向和迴避型的人在一起，這種引力相當普遍，這也是長期戀愛伴侶在面臨爆發點時，決定尋求諮商時會出現的模式。迴避型依附類型的人似乎會自然受焦慮型依附類型的人吸引，因為這樣的關係能確定他們對自我（我不需要任何人）和他人（人都是脆弱、依賴的）的內在觀點。有些案例中，甚至是安定型的人發現自己愛上迴避型者。如果你是焦慮型，那你受到刺激時通常就會提升情緒，保護這中斷的連結。而迴避型的人則會利用撤銷策略（行為或保持距離），在受到刺激時「關掉」他們對於親密感和連結的需求，焦慮型與迴避型配對的狀態下，出現蹺蹺板或雲霄飛車模式很合理。

神經科學研究已經告訴我們，戀愛時我們的大腦會自然掃描任何「危險」。這意謂，你對於會影響連結、親密感和緊密感的感情關係會有所警惕。如果你和安定型依附類型的人交往，你就察覺不到這些威脅，因為對方很淡定而且很容易預測。你不應該把依附系統啟動與愛混為一談，因為很多人都會這樣做。如果沒有立即警訊或警告鈴聲，大腦就不會「解讀」成愛。安定型依附類型的人對於親密感和感情都有正面的心態，他們會期望感情發展到最後能開花結果，他們會期盼遇見對的另一半，與對方相戀。

以下是安定型依附類型且情感上健全的人有的特徵：

◆他們不會耍花招，或是丟出混亂不明的信號。

◆他們知道要如何討論想法和感受。
◆他們可以同理以待。
◆他們會直白坦誠的和你交談。
◆他們懂得以開放的心胸自在表達。
◆他們樂於自處，和你在一起時也很自在。
◆他們懂得道歉，也懂得原諒。
◆對於緊密他們感到自在。
◆他們知道肢體和情感上的親密感相輔相成。
◆他們會溫柔、尊重地對待你。
◆他們對你的感受很敏感。
◆他們會積極想解決感情問題，改善你們的關係。
◆他們知道如何公平爭論。
◆你想靠近時，他們不會保持距離。
◆戀愛時他們做出理性的反應和回應。
◆如果他們不想和你在一起，就會直接審慎地告訴你。

安定型依附類型的人通常不意外地最後都有快樂、豐富穩定的感情。好消息是，你的依附類型並非就此無法改變，這在一生裡都能調整。依附類型可以有正向改變或負面轉變，全取決於你和什麼樣的對象在一起。因此，你需要能讓自己朝安定型發展的最佳機會，盡可能挑選安定型對象。或者你也可以選擇一個幾乎不知道自己是不安全依附類型，想和你一起成長、改變的對象。

回頭想想第六章，經由和他人互動、在戀愛場域下發展成安定型的過程就稱為「習得安全感」。而第五章裡提到，理解、回溯自己的FOO經歷，正是能習得安全感的一大要件。以開闊心胸擁抱能付出情感的另一半，可以將自己的內在負面模板轉換成正面積極的模樣。新的經驗和機會都是全新場域的一部分。在全新視角下，你就能學會去相信，失落時肯定會有一個可靠、忠誠的人（例如配偶或伴侶）陪在你身邊——而這與兒時和過往戀愛經驗裡學到的完全相反。習得安全感的這條路不僅充滿風險和創傷，也確實是條荊棘之路，但這條路可以帶給你一直以來想要獲得的愛。成功後的獎勵絕對值得，因為習得的安全感依附類型可以改變你的人生，讓你能有更棒、更長久的戀愛。

同理心和調適

感情中信任感的發展取決於兩個核心概念：同理心和調適。這兩個概念是受挫的失敗約會和戀愛行為（比如對方莫名人間蒸發）的解毒劑。調適是指深度察覺自我和他人，包括接納從他人身上得到的訊息。兩個人相互調適時，就會有情感上的察知、回應和同理心。願意為他人調適自己且有同理心的人不會無緣無故消失、把你當備胎、對你只撩不愛或甚至有其他糟糕的約會和戀愛行為。

能同理以待的人會對你的感受相當敏感，也能「站在你的立場」。他會尊重你的觀點，即便這觀點與他的相差很大，他還是能理性且理解的認同你的感受或態度。對於你的觀點，他不會以爭辯、犀利言語或評判來展現氣度。

不論你現在是否有約會對象或正在戀愛中，能調適自己行為來影響你，並且展現同理心、認同你的體會的人，值得把握！這類型的人不會對你不好，因為他很清楚不被善待是什麼感受。如果他意識到自己傷害了你，他會思慮周全地適當回應你。這不代表你永遠都不會受傷或被誤解，但對方會為這段感情屈就，必要時會道歉，傷你的心時會關心你。這類偶爾的「撕扯修復」互動關係，在戀愛裡很常見，我要強調是「偶爾」——即「不是經常」。重點當然是不要經常性受傷或沮喪，但受傷和沮喪偶爾還是會發生的。差別在於你的另一半如何應對。

信任

信任感是贏來的。你和對方第一次認識時，你不是非得要、也不該馬上就信任對方。不是要你對對方的意圖覺得可疑，可是這正是我們美國法律系統一直在做的：判定有罪之前需預設任何人都是無罪。你的心態要保持開放，接受這個人是否值得信賴的信號。要謹慎留意任何會使「信任儀表」提升或降低的言語和行為。如果儀表指數下降，那就不該想和這個人有穩定的交往關係（即便你認為自己已經愛上他）。

信任儀表指針會在你的伴侶出現下列說明時升高：

- ◆可預測
- ◆可靠
- ◆專一
- ◆負責任的

- ◆保護性的
- ◆把你的利益（而非他自己的）放在心上
- ◆樂於和你分享他自己生活的所有方面
- ◆願意學習
- ◆在他的社交圈裡備受尊敬
- ◆當他傷了你時會關切、在乎

健康的戀愛關係

健康且成功的戀愛通常都有共通的核心特質：這些戀愛都是以伴侶雙方的安全感、對彼此的同理心、對彼此需求有所呼應、以及對於「我們」的態度來界定。伴侶們彼此為雙方調適自身，同時也能坦然相互溝通，他們對彼此都有深遠的了解和察知。他們支持彼此，堅信彼此是對方的後盾。他們也願意為對方冒感情的風險——他們不怕變得脆弱。他們勇於對彼此展現真正的自我，從戀愛一開始就慢慢建立起對對方的信賴和安全感。事實上，這種信賴和安全感就是他們感情奠定的基礎。如果一開始就沒有這兩者，那這段感情就是建立在錯誤的基石上，通常永遠無法修復。

如果上述很難想像，請你看看身邊處在健康安定戀愛關係的模範對象。想想當前或過往戀愛時出現在你人生裡的過客吧。身邊的模範伴侶是如何對待彼此的？他們是如何與彼此、世界和身邊的人互動？他們之間穩固的羈絆是什麼？你可以回想身邊那些健全、安全類型的人和你互動的模式，他們如何避免自己出現大驚小怪、可怕的行為呢？他們又是如何處理生活裡的衝突和挑戰？你碰到問題時，他們如何回應你？其實你真的認識不少這類型的人和情侶，他們讓你見識到健康的感情是可能存在的！

健全的感情中會有開放、明確且有效的溝通交流，沒有任何花招，溝通一定是明確直接的。健全的情侶如果鬧得很僵或是開始爭吵，他們通常會表明出現了什麼問題。在這類情況下，如果啟動了依附類型的刺激要件，無法付出情感的人多半就會採行撤銷策略——不願意溝通思考和保持距離——讓他在你明明最需要他的時候轉身而去。願意付出情感的人則會表達自己的恐懼、渴望和脆弱，而非完全不理睬你。反之，你也會因此覺得安定而做出同樣的事。當伴侶們願意表達、分享自己的脆弱，他們就能共同想辦法解決難題，皆以有效的應對技巧，消緩自己的反應和激動的情緒，好讓他們能專注當下，冷靜地與彼此溝通交談。伴侶們以健康的方式溝通時，他們就相對地能快速在爭吵後回到淡定的處境，兩人之間的平衡回歸，在沒有怨妒的狀態下繼續生活。

情緒商數（Emotional Intelligence）

本章節裡提到的健全戀愛特質，有部分也是所謂的情緒商數。情緒商數，是指在多個重要範疇下善於管理自身情緒與和他人互動時的情緒。自我競爭的部分包括自我察知，以及管理自我情緒與呼應情緒的行為。精確察知並正向表達自己的情緒是成就個人能力與社會能力的關鍵。

情緒商數的另一個要件，是如何準確調適旁人的情緒，評估他們可能經歷了什麼，能否利用這些資訊有效調節自己與他們的互動。如你所想，情緒商數是你想要培養，並且期望伴侶能具備的東西。情緒商數很高的人，通常經歷過更多成功的理想人際關係和戀愛、更好的學術成就、與他們孩子有更好的正向互動，職場上也有更好的成果。

因為情緒商數是健全戀愛中非常重要的要件，在此我列出情緒商數很高的人身上通常會有的技能、特質和能力：

◆樂觀
◆洞察力
◆積極性
◆會使用更強烈的詞彙，可以清楚表達情感經驗
◆同理心
◆調適情緒的能力
◆堅定的溝通
◆原諒他人的雅量
◆良好的社交技巧
◆對其他人事物充滿好奇心
◆也能玩得開
◆很難被冒犯到
◆被拒絕時的調適力
◆自信

看來很多重點就在是否有高的情緒商數！沒有人能完全具備上述所有特質，所以也

別因此沮喪。把認為自己很好以及需要培養發展的部分整理出來，其他人給的回饋也很有用，因為我們通常無法清楚的看見自己的缺點。

人際情緒調節

在第八章你曾學到情緒的自我調節。與另一個人互動時，你們雙方會經歷不同程度的人際情緒調節（interpersonal regulation of emotion）過程。這類情緒調節會在你為了達成某個目的影響他人時出現，包括影響對方的感受或思考。舉例來說，你察覺到自己和另一半之間有距離感，你需要確定他還持續對你感興趣，那你正在進行人際情緒調節的活動。如果你正與無法付出情感的人互動，或是你本身是焦慮型依附類型的人，你就容易強調緊密感、親密感、連結。而你的努力就會與注重自主和距離感的人起衝突。你和另一半一定要找出讓這些衝突需求平衡的方法，這樣你們雙方才能滿足現下的感情狀態。你們雙方的喜好都重要，但如果兩人的感情目標出現極大的差異——一個強調緊密感、親密感和連結，另一個注重自主和距離感——最後就會出現衝突和不滿。感情穩定健全的伴侶不會認為這些目標無法相稱，他們會維持彈性空間，找出能均衡、整合彼此目標的方法。

找到「對的人」不是簡單的事，目前也沒有足夠多的研究能直接給我們尋找伴侶的神奇公式，而尋找愛情的過程中也不可能不受傷。但是，只要提高自己的機會，將煩惱問題降到最低，就能讓這段過程簡單一點。

尋找真愛時，你會碰到被拒絕的狀況（至少一次！），你也可能永遠無法接受自己被拒絕的理由，除此之外，你還會拒絕其他碰到的人。你可能會遇上能碰碰運氣的「潛在」對象，但如果你一直想找到完全符合理想條件的人，可是終究沒能成功，那你就要檢視自己的動機和行為。對於另一半願意做的改變，你一定要抱持實際的心態，不要努力想矯正他。反之，請以開放的心態向前邁進，宣告自己要找到能回應你的愛的那個人。這世界上沒有什麼會比找到一個能依靠、能為你付出情感，更樂於回報你的愛的人更重要的了。

Chapter 12 尋求專業幫助，振作自己

你可能在人生某階段想要尋求專業協助，有人甚至已經建議過你這樣做，可惜的是「尋求協助治療心理相關疾病」對一些人來說仍然帶有標籤，但大部分已經成功突破尋求協助艱難階段的人，通常會感到如釋重負，回想自己當初的不情不願其實沒有意義也是錯誤的方向。我可以提供一些基本引導，協助你回答一些能決定自己是否需要協助的問題。不論你在這之後有何考量，協助的形式是引導、支持或是專家的心理治療，我都鼓勵你勇於接納這個能自我成長、讓生活與人際關係有深度、有意義改變的機會。

考慮心理治療

如果你有出現任何一項下列情況，那你應該要認真考慮尋求執業專家的心理治療：

- □你正擔心自己似乎無法停止做出某些行為和思考。
- □你認為自己的感受和行為隨時間一久越來越糟。
- □你沒有好的支持系統。
- □關於自己的問題，你重度依賴他人，或成了別人的負擔。
- □你無法光靠自己做出想要的改變。
- □你的問題似乎影響到睡眠、集中力以及／或飲食習慣
- □不只戀愛對象，你也無法和他人維持健康的人際關係。
- □你的心情經常低落，或經常上上下下。
- □你偶爾需要利用藥物或酒精來輔助情緒穩定，或者藉以應對負面的思考和情境。
- □短時間內你經歷了許多備感壓力的事件。
- □你有傷害自己的念頭，或是你乾脆死了算了的想法。

治療從佛洛伊德和心理分析出現的時代起就一直存在。現今的治療通常期限都不算長，有可能幾個月或一年，而且都不是病態化的方式，也就是說治療師不會以疾病或畸形的視角來看待患者。反之，他們的目的是找出「發生了什麼事？」而非只是「你怎麼了？」，為了能讓患者成功獲得保險理賠，或是能從其他外在期待獲得滿足，治療師可能得給你診斷書，但大部分當代治療師都不再那麼重視診斷，反而著重以完整的方法來達到讓患者有良好的健康和快樂。需要藥物來治療特定症狀時診斷書也很有幫助，不然治療時通常會注重你的治療目標，以公正的角度提供外在、客觀的看法。

對於特定的問題，也有專門的加強治療管道，舉凡是不健全的感情關係、創傷、上癮或是任何問題皆有。許多規劃出針對特定族群或問題的合適療程的治療師們，對於自己的工作都非常有熱忱。

要尋找、選擇治療師的方法有很多。一開始你應該要考量自己的財力範圍（如果你一定要用私人保險），還有時程表上如何配合規律治療。在網路上搜尋是很受歡迎的尋找治療師方法，但如果是透過認識的人推薦最好。在與選定的治療師第一次商談後，你應該能與該專家侃侃而談，他或她能理解你對問題的看法，並以自己的專業技術來協助你。如果一兩次面談後你覺得這個人不合適，那可以換一個。你要知道，自己致力完成療程和背後動機才是能決定該療程能否有效的關鍵。治療師會引導你協助自己，而且不應該讓你感到更艱難。治療也是一個過程：你的目標會隨時間變化而達到，當然進展不見得能一次就到位。通常一開始會出現痛苦、不舒服和種種負面的感受，這些會隨著療程進行、你和治療師的關係跟著慢慢減緩。

另一種協助方式是來自輔導員。這些專家通常著重在協助你的生活、約會、工作或感情關係。輔導員可能是個選擇，但前提是你不需要深層的心理學指導和人際關係變化。一般來說，輔導員對於明明行為功能適當卻無法達到最大潛能的人來說很有用。他們能策勵這些人，幫助他們堅持下去直到完成目標。輔導員不會深入分析你早期經驗與當前行為之間有什麼關聯，也無法治療憂鬱症、焦慮、破壞性行為模式、創傷或嚴重情緒問題。要成為輔導員不需執照或一定的教育程度，但並不代表這樣肯定沒有傑出輔導員，不過如果你真的需要療程來完成目標，那光是輔導員可能不夠。治療師也可以同時是輔導員，但輔導員無法提供療程。

如果你已經決定要尋求專業治療師來找出自己戀愛時重蹈覆轍的問題所在，那要找持有什麼執照和臨床經驗的治療師呢？美國的治療師至少要有州立執照，這最少要完成碩士學歷才能取得，且通過考核取得執照前應該要有兩年以上被臨床專家監督管理的經驗。你也可以尋找已有博士學位（PhD 或 PsyD）的執業治療師。我強烈建議你找在以下各領域皆有基礎執業經歷的治療師：家庭與伴侶動力、依附理論、FOO 工作與創傷。你還需要選擇已經在許多研究上都有良好成果的「實證基礎」的療程形式。

治療師們通常都不拘一格，也就是說一位治療師會採取多種治療方法。你不需要謹記這些心理調度（psychological interventions）的各種名稱，但如果這對你來說很重要，以下是對於感情問題有幫助的幾種療法：

- **情緒取向伴侶治療**：專門為負面溝通模式或感情中情感分離（emotional disconnection within the relationship）而設計的療程。此方法著重在愛、羈絆和依附的科學應用，也可以延伸治療個人與家庭範疇。
- **加速體驗式動態心理治療**（Accelerated experiential-dynamic psychotherapy）：著重在治癒情緒和關係方面的經驗，以及藉由深層調適過往困難經歷的轉型行為。
- **認知行為治療**：專以挑戰扭曲思維與信念以及無益行為來治療伴侶或個人的療程。這種治療方法有學術上的結構性基礎，強調想法、行為而非感受。
- **創傷知情照護**（Trauma-informed care）**或眼動心身重建法**（eye-movement

desensitization and reprocessing，簡稱 EDMR）：此二者為闡釋創傷的治療方法。

◆ **正念減壓或接受與承諾治療**（acceptance and commitment therapy）：專門為指導正念冥想或者如何將正念與日常生活結合的療法，通常會搭配行為分析或是認知治療。

最後，有一個我要強調的重要的治療元素。你的治療師可能是過去你沒接觸過的穩定且專一、能讓你培養信任感的人。這種情境下，治療師就成為正向的依附類型對象，成為你情緒經驗的「共同調節者」。一個人的情緒覺醒和再活動（刺激元）可能會與所處場域不成比例變得更激烈。治療師會根據嚴重程度，特別如果他或她有其依附類型取向，就會在其辦公室的安定環境內協助調整改變。治療師也能協助你發展出與人際關係和家庭歷史協調一致的論述，但這部分也能在治療關係培養出現。對於許多尋求心理治療的人而言，他們與治療師（及其辦公室神聖性）的關係是非常重要，而且改變了他們接下來的人生。

團體治療與自助團體

團體治療是由一位心理醫學專家所領導的團體，包含兩位以上有相似心理問題的人。人們通常在除了個人治療或藥物治療之外，再參加團體治療。這類團體通常是過程取向或心理教育取向。過程取向的團體中療程經驗是重點，當你試著想獲得他人如何看待你的回饋時這些經驗很有幫助，這類團體提供能發展自我察知、自信和歸屬感的大好機會。過程取向團體也發展得出與早期家庭動力相關的更多洞察力、行為改變或治療。心理教育團體將由專家帶領，重點多放在一個主題、問題或技術的指導。治療師們會比較有方向性，有時候也會帶領團體做活動或練習。

另一種協助形式是自助團體，也是所謂的支持團體，比如戒酒無名會（Alcoholics Anonymous）和其家屬團體（Al-Anon）。自助團體不是由治療師帶領，反而是由成員們相互提供協助支持。團體成員有共同的問題，以及治療的目標，並想從問題中修復。藉著表達自己對於問題的思考和感受，以及問題如何影響到你，你會感到自己不是孤單一人，還有同病相憐的人可以協助你。

許多人害怕參加團體來闡述自己的問題。但儘管如此，團體治療和團體支持通常對於想要做出改變的人有非常大的幫助。當你因為與無法付出情感的人交往而感受到孤單或痛苦，那你和其他團體成員的連結可以長遠的協助你達成目標。

創傷

創傷的影響會在一連串感情問題中出現。與無法回應情感或是會精神虐待的對象交往時，創傷生存者通常會重新創造、重塑兒時經驗以及其他早期經歷。他們可能會無意識地想要矯正這些經驗，或對這些經驗的痛苦有熟悉感。如果沒有治癒，那創傷造成的破壞就會使你的親密關係更加混亂。不過不了解有個人正在經歷其人生與感情創傷的影響，是很常見的事。接下來，我們來了解一下何謂創傷，如果要擺脫創傷那該專注在哪一部分吧。

創傷源於所經歷的一件或多起侵害主控權和安全感的深層痛苦事件，你能將這些經驗與當下現實狀況結合的能力被破壞了。我們通常會把創傷與曾經體驗過戰鬥、戰爭、恐怖主義、性侵害或災難性意外的人做連結。這些事件會削弱當事者，非常令人困擾，不過很多日常的小型事件隨時間累積起來，也會造成創傷。有些專家便分辨出「大創傷」，例如戰爭或強暴，以及「小創傷（little-t trauma」，例如長時間貧困或兒時家庭功能失調。這些事件通常都稱為「兒童期不良經歷（adverse childhood experiences，縮寫為ACEs）」，研究人員檢視了人們生活裡的「ACEs分數」影響及分數高引發的問題。ACEs涵括的經驗包括虐待（性虐待、肢體上虐待、精神虐待）、忽視（身體和情感）、父母分居、親眼見到暴力行為，以及父母有藥物濫用。看完第五章對於家庭歷史的討論之後，你應該對於ACEs與累積型小創傷是否會影響戀愛相當了解。事實上，這類創傷最常見的症狀之一就是會有損害的人際關係。

決定什麼是創傷，重要要件包括大腦如何處理、儲藏對創傷事件的記憶。目前有證據指出，創傷記憶儲存的地方，就是大腦中負責情緒和感覺的區域。為了處理與創傷相關的壓力，記憶也可能被壓抑（擠壓到更深層的無意識區）或是解離（抹除）。這會影響到你現在的反應力或刺激元，但不見得總能辨識出致因。重新找出不舒服的記憶，並「重新處理（重新存放）」它也是治療的一大部分。把記憶放在不同地方很重要，這樣你就不會不斷重複經歷那些影響。重新處理記憶也能讓你更能理解與該記憶相關的情緒和整體感覺。

不是所有碰觸到不良事件和突發創傷的人都會出現創傷後壓力症候群，有的人甚至不會有任何功能受損。創傷和不良事件如何影響你，通常取決於許多前置因素，例如過去的經歷、對於發生之事的感知、期望、功能的主要層級、耐受壓力的能力、支持系統、資源等等。因為這些種種因素，每個人的創傷反應症狀發展都有不同的狀況。能夠自己面對、處理經驗或是要和他人配合，也會影響到你自己應對、擺脫創傷的能力。許多人會迴避任何刺激性情況、選擇麻痺或藏匿症狀而非正視創傷經驗。這並不是脆弱的表徵，而是常見的應對方法。不過這樣的做法沒什麼用，他們內心的聲音會告訴他們：其他地方都不安全、其他人都不值得信任、千萬不要尋求協助、不要理他繼續生活就對了。尋求專業協助，應用創傷知情療法，才是唯一能真正讓你從大創傷或小創傷治癒的方法。

布瑞莉就是以迴避來處理自己的小創傷。她小時候遭受過情感忽視，父親是個功能性酗酒者，經常無法維持穩定工作，所以她的母親必須努力工作來維持生計。布瑞莉很努力的當個「乖女兒」，不想讓父母更有壓力。她的學業成績出眾，後來也成為非常成功的律師。曾與工作狂談戀愛的她告訴自己「沒事的」，因為她自己也沒有時間去發展什麼社交生活。問題在於，她經常感到沮喪，而且無法擺脫這種感覺。她選擇不找人幫忙，這樣才不會「麻煩」別人。她非常懂得自力更生，也很聰明，可是她不懂為什麼自己無法消除沮喪的感覺。

有一天，一個正巧是治療師的朋友對布瑞莉表示她可能正受到創傷影響。布瑞莉對友人的說法感到懷疑，但讀完網路上關於創傷的資料後，她發現朋友說的是真的。她的工作能讓她不用去處理兒時經歷的痛苦和其他感受的方法。她自小長大從來沒有覺得自己的生活很危險，但她當時也無法只是做個孩子、玩樂一下就放下防備心。她一直以來都有非常重的責任心，也非常自律，基本上她自己照顧自己，讓自己能生存下去。最終，她終於準備好面對這個讓她備感壓力的事實，她需要處理它。

布瑞莉沒有脆弱到不願意承認自己有問題需要專業協助，相反的她很堅強，勇於承認自己的問題，並尋求幫助解決它。創傷大體上就是「分離的問題」。當受創的人遠離其他人時——創傷的問題是不會單獨改善的。要自己全權處理對於事件的想法和感受是不可能的，要解決問題需要別人的協助，大部分都是治療師，才能以全新的方式來檢視、統整你對自己、他人和世界的理解。

癮症

創傷或兒童期不良經歷的另一個副產品就是癮症。癮症的定義很難，因為對於不同人來說上癮可能指的是不同事物。即便是專家們也無法對上癮的定義以及上癮的致因達成共識。多占優勢的說法是，上癮是指一個人無法持續性地戒除藥物濫用或破壞性行為。儘管藥物或行為會引發心理、生理、關係方面和精神方面的負面結果，仍然會對之產生持續性的渴望，追求從中取得的撫慰或獎賞。有癮症的人多半缺乏對於從行為引起之問題的洞悉和認同，包括對於他們情緒反應和人際關係的影響。否認是強大又危險的舉動，會讓當事者無法承認上癮物帶來的影響。癮症經常被視為是大腦和其運作迴路的病症。就如同其他慢性病症，癮症會出現故態復萌和緩解的循環，需要積極治療恢復才能克服。

戀愛成癮（Love Addiction）

人可能對戀愛上癮嗎？根據上述對癮症的敘述，答案是肯定的，人會對戀愛或對另一個人上癮。如果你正經歷戀愛成癮的狀況，那你正進行另一個重複性不健康的行為，刺激你衝動性的想尋求「獎賞」——也就是注意力、迷戀、愛情、性愛等等。你可能多次想跟對方分手（緩解），但最後又回到他身邊（故態復萌）。你發現自己對於這個人的渴望以及想遠離他來控制自己的能力是無法克制的。如果你回想生活裡的其他人，就會發現他們都很關心你，想要幫你。他們試著想要跟你說道理，想說服你不要再跟這個渣男在一起，或是不要再跟糟糕的人約會，但你似乎就是做不到。你與這個對象之間出現一種不健康——或許病態式對愛情和性愛的依戀。

以下是戀愛成癮會有的幾個特質：

◆你似乎無法不和這個人見面，儘管你知道他有破壞力或其他對你不良的影響。
◆你從這段感情、追求、性愛或幻想裡獲得了獎賞或「興奮感」。
◆你會利用戀愛來處理自己的不開心或生活壓力。
◆你的生活整體來說就是混亂。
◆你害怕孤單，或是無法忍受寂寞。
◆你把性愛產生的火花與愛情混淆了。

- 為了不失去他你什麼都願意做，即便這已經與你認同的價值觀或內心裡的自己完全背道而馳。
- 你經常談上一段為期不短的糟糕戀愛。

戀愛成癮的特質會出現在重複性的戀愛模式中，可能在你長大後的生活裡已經上演過。性愛成癮與戀愛成癮不同，主要是對性交、危險的性愛行為和其他性偏好，例如偷窺狂（voyeurism）、匿名性愛、大量觀看性愛影片等等。不過這兩種癮症都會讓你不停尋求某個人或是你沒有的事物，好提供你以為自己缺乏的東西。戀愛成癮通常是高潮迭起且刺激的戀愛經驗，藉此來產生自己有價值、被需要或被愛的感受。不論是哪種癮症，戀愛成癮、性愛成癮或藥物成癮，都能透過努力協調恢復獲得幫助。

創傷、癮症或其他病症的心理治療

如果你決定要尋求治療來解決自己當前的關係問題，或者是在徹底評估後判定你的狀況與創傷和癮症有關，那你的療程將會是多面向的治療方法。以下是你或許能和專業醫師一起配合的事項：

◆學習以實際、合適的態度回應交往的對象。
◆學習準確解讀交往對象給你的回應。
◆維持情緒平衡。
◆接觸、辨識情緒，特別是與羞恥有關的部分。
◆以樂觀、健康的方式來應對戀愛壓力。
◆了解自己反應的原因和過程。
◆在安全、安定的環境裡體驗自己的反應。
◆擁抱健全的自私感，專注在自我照護、界線以及自身需求上。
◆以非受害者、未受損或無助的人的心態來看待自己。
◆理解自己的早期歷史和ＦＯＯ經歷。
◆面對而非迴避任何創傷記憶，以及任何與創傷相關的感受、信念和想法。
◆視治療師為「安全基地」，以求發展出對於安定和安全感的內在感受。
◆放下對掌控（與幻想能控制）的需求。
◆充分利用自己的力量。

恢復

就如第十章曾短暫討論過，恢復在字典裡的定義是「經歷困難階段後回到正常狀態」。「正在恢復」則是指「經歷困難階段後要回到正常狀態的行為或過程」。這些定義既精準又簡鍊，而且完全不會令人感到混亂或有標籤。但我希望要再加上一個重點：要「回歸」的狀態不見得是你之前曾正常運作或是健康的狀態。這個狀態可能不一樣——全新的正常。這可能是你將過往整合到現在生活裡，讓你持續活躍生存，未來也能幫助你繼續如此的狀態。我們一直以來都會從各種事物恢復正常。恢復是可行的，並非是你無法做到的事。

從創傷或癮症恢復需要你在情感上有能力處理它，理解自己身上發生過的事，發展出健康策略來活出不同的自己。就如之前曾提到，人們通常無法有效地靠自己完成。你一定要讓一個值得信賴的人（這個人通常是治療師）介入來幫助你分享、控制、理解再來放下。著手尋求協助，將恢復當成首要之事，這樣就能擔保你不再陷入無法完結的戀愛對象選擇困難中。但恢復到底要怎麼做，你又如何知道自己是否完全恢復呢？

恢復是另一個在定義上無法取得共識的概念。通常恢復會用來描述清醒，或者禁酒或禁用藥物，但這個定義也可以複雜化，因為人們可能會停止使用上癮的藥物或喝酒，但會持續表現出有問題的特質或行為。在戀愛關係這方面，把「恢復」一般定義成「自願性維持一種生活模式或有健康的人際關係」很有用。戀愛成癮和食物成癮很類似，但是：你依舊要靠食物才能活下去，因為你無法不吃東西而維持健康；你也無法（或不該）不談戀愛。如果你仍舊想要談戀愛，那就談一個不會讓自己痛苦的戀愛吧。

恢復需要你同時成功應用自己的內在資源（例如優勢、能力）以及外在資源（好比療程、自助書籍、團體）。恢復有一大部分都是靠自我決心和個人選擇，為了恢復，你要做的事情一定得有意義且對你有價值。這過程或許會搞砸、犯錯、走偏，這都是可以接受的，這並不代表你就沒有進步或是沒能「努力」恢復。做出個人改變本來就不會是完美的直線道路，這一路上肯定都會遇上無法前進和各種困難的時候。或許這樣說你會感覺好一點，花越久時間處理好問題，維持專注在目標上，那就會更容易成功、繼續進步下去。

恢復還有一大要點，就是把恢復想成是為自己和當下處境特別設計的應對方法。這方法可以包括對你而言重要的各個重點區域。舉例來說，你的恢復內容可能包括閱讀自助書籍、參加個人和團體治療、參加宗教或精神式儀式，以及維持寫日記的習慣。你可以選擇更多方法來做得更好，你所決定的路是自我引導的，是與其他能幫助你的人一起合作進行的。你應該多跟你認為對恢復有益的人相處，最重要的是要抱持希望，對任何成功完成的小改變以及任何你不需要改掉的部分心存感念！

恢復要成功得是不間斷地提升整體的健康和人際關係。只有你自己才能決定自己是否已經達成目標，是否滿意恢復已有作用。以下的問題是用來決定自己是否已經在成功恢復之路上：

- 你是否能抗拒回歸或繼續留在不健康的戀愛中？
- 你是否已經把要恢復的重點整理好當作首要任務？
- 你認為自己有好好照顧自己和自己的需求嗎？
- 你能否持續朝目標邁進？
- 你有一個或多個很有熱忱的事物嗎（嗜好、興趣、工作）？
- 你是否能處理好任何負面情緒和壓力？
- 你是否清楚自己能做和無法控制的部分？
- 你有健康和支持性朋友群網絡嗎？

◆你可以輕鬆、自在的獨處嗎？

◆整體來說你是否覺得滿足，或是覺得人生有意義了？

我會在下一章進一步討論一些恢復要件。不過在此我先提供關於恢復的大致總結，因為這大多是在心理健康或癮症治療的範疇下才探討的東西，需要在專家引導下實施。請記住這些恢復的要件，這能幫助你規劃一個治療計畫，幫你在治療期間保持在正確的路線到完成目標。切記，要專注在進步而非完美。

將自己從反覆痛苦的感情模式裡解放，這不該是只想靠自己完成的事，如果這麼做，你將會大大低估這些模式如何傷害你的心理健康。別讓你內心的恐懼、驕傲或固執阻礙你向外尋求協助。你要盡你所能的協助最重要的人——也就是你自己，而非其他人。讓自己生活更美好，就採取第一步，尋求協助。在接下來的最後一章，我們會討論如何維持幹勁、擁抱自愛和自我寬恕，從過往的戀情中推演出目的和意義。

Chapter 13

最重要的人是自己

比起其他事物或任何人，當你更珍視自己時就能讓生活有所轉變。你的世界會變得更加寬廣，保有希望和可能性。對於你自己的主控權，沒有人可以掌控得比你多，沒有人能告訴你你是誰，或是你有多少價值。現在你該知道，你的人生裡最重要的人就是你自己。

充分發揮自身優勢

多數人會很努力去做正面而非負面的思考，至少就演化的角度來看，我們人類這個物種決定要持續對危險有所警覺時，這讓我們得以生存下去，意料之外的結果是這行為也逼我們出現負面偏差。隨時間一久，有「數波」心理學派讓我們有新的管道去理解、幫助其他人。其中一派稱為「正向心理學（positive psychology）」，鼓勵我們要看自己的優勢而非弱勢，關注有用的部分而非沒有作用的事物。正向心理學也強調人類優勢與追求幸福，持續關注功能失常和疾病是不好的，還可能有害。抱持悲觀思維，會剝奪我們對於自己如何思考、行為的知覺。

將思考調整成更為正向的另一個優點在於，這可以幫助你「重新梳理」大腦。神經科學告訴我們，大腦有能力形塑、重新整理神經連接，也就是「神經可塑性」這個概念。大腦的神經元會以不同模式「發射」，當大腦改變這些神經網絡，新的模式就能更強壯，這現象通常會在學習新事物時發生。我們可以調整思考，專注在自身優勢，以此來建立更樂觀的概況，這樣一來就能使心理韌性更堅定，成為更快樂的人。

要充分發揮自身優勢的第一步就是先把優勢條列整理出來。千萬不要低估或將任何可能的優勢最小化！這時候可以吹噓一下，把你自己積極的特質更凸顯出來。想一下自己能想到的，再加上其他人給你的回饋或讚美，或是學校、職場上任何分數或表現等的直接回饋。

以下是幾個能問問自己，幫助自己整理出優勢清單的問題：

◆從工作、教育和特殊訓練中，你獲得了什麼具體的技術或能力？

◆對於自己天生擅長或精通的部分，你最喜歡或感到最有熱忱的是什麼？

◆同事、師長、家人或朋友曾對你有什麼正面評價？

◆你有任何獨特的才能嗎？

◆你最令人欣賞的內在特質是什麼？（例如：公正客觀、誠實、心地善良、慷慨、可愛、迷人、理智、仁慈、幽默、無偏見、求知慾強。）

◆你最引人注目的外貌特質是？（例如：身材好、活力十足、強壯、迷人。）

◆你做了什麼別人做不到、或是別人認為很難成功的事？

如果你想變得更有活力、更有希望和樂觀，那就花時間專注在這些特質上。在悲觀思考時警醒自己，立刻想想自己列下的自身優勢，這樣一來你就能釋放出更多的潛能，還能鞏固這項新習慣，啟發全新的神經運作途徑。

愛自己

愛自己是很好的想法。我說的不是自戀般的愛自己，而是你對自身的健全和幸福抱著正向思考。你當然要愛自己！我不相信「要在能愛他人之前先愛自己」的說法啦（大家都會這樣說），但你確實能好好的愛自己。為戀愛奮不顧身（特別是爛桃花）的女人，往往會發現她們忽視了自己的需求和快樂，即便是不經意的，她們也沒能愛護或對自己好一點。

「愛自己」看起來、聽起來和感覺起來是什麼呢？以下是幾個例子：

- 就算會讓其他人失望，也要把自己放第一位。
- 原諒自己過去犯的錯或罪過。
- 直率地表現自己。
- 呼應身體需要休息、舒適和滋養的需求。
- 接受自己的樣子以及所有正面、負面和不完美的部分。
- 好好感受自己值得。
- 擁抱快樂。
- 知道自己可以改變、成長。
- 請求自己而非他人的許可。
- 不等其他人來創造自己喜愛的人生。
- 保護自己不受任何人傷害。

愛自己是持續不斷的練習而非只是一個端點，這可以影響你對於愛、職場和友誼的選擇，拓增你處理不安的能力。仁慈、愛護對待自己，可以讓你誠實、有意義地生活。

生活有目標

來討論一下恢復與個人成長相關的特別要件：要有意義的生活。人類都需要生活目標，沒有目標我們就會感到痛苦，沒有目標那你就會毫無意義、迂迴曲折地過人生。生活目標會讓你受到本書一直討論到的壞行為和情感影響，舉例來說，你會繼續想修復與無法付出情感對象的感情，這成為你想緩和痛苦而呼應的方法，但這行為就是不健康的生活目標，讓你永不平靜。反之，擁有健康且令人振奮的生活目標，參與任何能感到歡樂、滿足的工作和活動，就能讓你的人生和感情更活躍。

崔兒喜發現自己沒有和湯姆在一起或完全只想著他時，自己根本沒有生活目標可言。他們兩人確定真的分開後，她主動尋找專業協助。她的治療師引導她完成恢復，協助她決定可以有什麼樣的生活目標來讓她心情好一點、更有滿足感。她一直很喜歡動物，但湯姆討厭動物，經常讓她很難去照顧自己的狗狗萊利。因為和湯姆談戀愛，每次把萊利單獨留在家裡時，她都覺得非常有罪惡感。既然現在這段混亂的感情結束了，崔兒喜決定要到在地的動物之家做義工，她超喜歡那個地方。在那她認識了更多善心的愛動物者，做義工的時候也能輕鬆和他們有所連結。動物之家的許多狗狗都很親近她，她覺得能幫忙照顧牠們是非常快樂的事，當她照顧的狗狗找到領養人家時，她也感到非常高興，她總是很期待到動物之家做志工，也驚訝於這生活目標竟然能讓她感覺這麼棒。

有生活目標，可以減輕因為注意力不再受外在情境如戀愛影響而感到的不安感受。越是往外移轉注意力，你就能將心理能量轉變成有意義且有用的事物，而非直接影響著心理、自己身上、負面情緒、瘋狂想法等等。試著參與或接觸比自己還要更大的事物也很有用，特別是與幫助人（或動物！）有關的事情。這可以提升你的成就感、自我價值、自尊、自信和健康。

要釐清自己的生活目標，可以關注幾個核心部分。你可以去拓展已經有的生活目標——例如更投入宗教事務，或是探索其他你認為自己會有興趣的部分。雖然宗教場所本來就存在了，但人們為了祈禱、或想與有同樣信仰的他人接觸交流的聚集場合還是很多的。

有些人會透過成就來獲得不同的生活目標。這種成就可能是某程度的成功、財富或社會地位。反之，有些人則會從利他行為來取得生活目標：比起思考自身的狀況條件，他們會想到其他人的情況。這些人樂於幫助他人，改善社會，致力想矯正不公義，使環境更好等等。這樣的生活目標，與經常認為自己沒能幫上忙或自己不是好的另一半的人特別相關，這種動力能讓他們投身可以充分利用自己技藝和努力的事物或組織。

許多人則從刻意的個人發展活動尋生活目標。我鼓勵你從教育或更有創造力的領域來發展。讓自己發揮才能、應用自己的獨創性、好好展現自己是很振奮人心的事。你可能會想要嘗試新事物，從自己未曾探索過的領域發展出興趣或技藝。你可能也會想要探索一些能讓自己有所轉變、非有形的事物，例如冥想練習、通靈、傳統靈修，例如佛教儀式或像卡巴拉等的神祕儀式。要打造一個有生活目標的生活有很多種方式。

放下主控權

在你和其他「你需要」控制的事物之間，你可能還無法調整好大部分的動力平衡，最重要的是你知道這現象經常出現在過往戀情中。你一定要放下任何想掌控、管制另一個人的需要、動機或妄想。你要知道在哪裡「結束」，讓另一個人「開始」。你一定會承認，你只能控制你自己。如果你從另一個人身上獲得的東西是自己無法接受的，那也不要嘗試想改變他。你碰上兩個困難的選擇：接受他就是這樣，或是放下往前看。

與無法付出情感的人交往時，如果你無法及早止血，你可能會想要幫他、矯正他、保護他或拯救他。我們自然而然會想要對自己在意的人這樣做，我們會認為這個人遇到困難或很痛苦，但這只會出現在好萊塢電影而已。真實生活裡，因為這樣做沒有用，所以事情會變得更糟，就是這樣，沒有其他。除此之外，你該勇於接受的真相是，不是每個人都想要改變，這是正常的。就如你決定自己是否打算自我改變一樣，每個人都有自己獨特的地方。

幫助其他人通常是正確的方向，什麼時候可以伸出援手以及何時該收手可能很難釐清，但你不該持續幫準備好能自己應付的人做任何事，你也不該幫那些不需要幫忙的人做。戀愛時，問問自己另一半是否曾為了想變得更好的人或戀人而向你尋求協助，問他是否想要改變，問問他如果能讓他願意為你付出情感的話，是否改變就很重要。如果他的答案並非明確的「對／是」，那就是時候退守了。

這正是蘇非亞試著做的，她總是想幫助男友道格，給他意見和指導，特別是當父母這一塊。他是個離過婚且深感愧疚的父親，好運似乎和他沾不上邊。蘇非亞是個聰明且活潑的學校老師，她看著道格無法一致地教養孩子，經常被孩子踩到頭上，然後花一大堆無謂的錢只為了讓孩子開心。蘇非亞很清楚他這樣做只會讓孩子變成小怪獸，這一點讓她抓狂！她買了一些評價很高的教養書讓道格閱讀，但最後那些書只擺在一旁積灰塵而已。她也會發送一些有用的文章和部落格給他看，偶爾她會直接說他「太情緒化以致於無法理性」教孩子，結果就是他們兩人經常吵架、氣氛緊張。

某一天，蘇非亞直截了當地問他，「道格，你是真的需要我幫你解決孩子的問題嗎？」他的回答是，他對於自己認定對的教養方式感到很有自信，所以他不要蘇非亞的幫助（事實是他說他希望她能不要再這樣批評他，就這樣）。蘇非亞照做了，但她不可能完全不管。沒多久她就無法忍受只是一旁看，她開始感到焦慮並且無助。她發現自己永遠無法控制得了這個狀況，自己永遠無法給道格任何教養上的正向影響，於是她決定先暫時分開，好好思考自己的未來，是否準備好未來會當上繼母。這過程中，她發現問題根本不在於道格和他的教養方式，而是她總會與需要矯正的人談戀愛的模式。她決定自己別再想拯救、幫忙或提供任何功能了，她決定要自我改變，不為他人改變。

在你停止想控制另一個人時，你便賦予了自己從未想到過的能力，你可以把能量轉而放在可以改變的事物上。某些情況下，你或許就能認可自己改變成功。你不再想著要往外部偏轉方向，而是審視內在。在你停止控制其他人時，你就得以開始專注在真正的問題上（而不是你以為的那些問題），發現自己能有效解決它。

正視失去

想到失去，你可能會想到某個你關心、你很親密的人過世。然而，我們一生中會經歷各種大大小小的失去（和任何期間發生的變動），死亡確實是很重大的失去，但就失去的範疇來看，也別忘了還有失戀的影響或是夢想未能實現。我在第九章曾討論到伴隨失去而來的感覺、如何應對這些感受以及熬過失去的痛苦。失去總會帶來個人成長，人生裡經歷失去是必然之事。失去之後要如何適應、調整，其實內化在你成長的過程裡。重點在於，失去是正常的，生命自然流逝這件事無可避免，人生裡本來就包含失去以及不可預期的變化。讓自己好好接納這件事實，就能釋放自己，但你同時也給自己一個值得的豐厚禮物！

寬恕

決定原諒傷害你的人是非常私人的選擇，這選擇可能是在你的核心價值觀、宗教或靈性信仰、你的意見、他人的意見或是人生裡你一直被如此教導的觀念影響下的結果。你可能堅定地認為人生裡有些錯誤的事情是無法被原諒的，這也沒關係。寬恕通常於犯錯的人較無關係，重點在於如何靠寬恕來治癒自己。有的人認為（而且也沒錯），不應該原諒那些對自己傷害人的事不知悔改的人。就戀愛來說，當另一方對你不好，通常是指他對你做的事沒什麼感覺或完全沒發現，或是在惡性循環的感情中一直有指責你的狀況。在這種情況下，你很難得到對方真切的道歉。

思忖是否該原諒時，要以寬恕能否幫助自己來決定。寬恕並不代表赦免或為該行為找理由開脫，也不代表你需要讓對方知道你原諒他／她，更不代表你能忘記發生過的事並且對那些過往毫無感受。寬恕指的是你找到自己接受事情真實經過的方法，並且放下它，管理好它對自己生活帶來的影響，並且往前看。寬恕完全取決於你，如果感覺正確且能有所幫助，那就該去做。

寬恕另一個人的另一面就是寬恕自己。有時候原諒自己會比原諒其他人還要難，我們會想要找個浮木振作自己，也很討厭得承認自己曾經犯錯、多麼愚蠢，這種感覺很糟！新聞快報：你是人！沒有人是完美的，沒有人永遠不會犯錯。就如你想的，不原諒自己不僅無法讓你向前看，你可能也不知道原諒自己過去的糟糕行為或一直選錯交往對象，其實可以釋放自己、振奮自己。你要知道，現在回想過去，當時的你已經盡力了。想想這個經驗給你的教訓、它如何幫助你了解自己、如何協助你界定自己的價值觀。這是你可以保留下來的部分，剩下的丟掉就好。

懂得示弱

在你追求愛情的旅途上，你會體驗到容易表露情緒、受情緒傷害的影響。尋找真愛就要冒風險、勇氣和表現情感，這段過程中都會有不確定性和模糊性，這是你要接受的最殘酷的事實之一，這現實是無法逃脫，唯一能找到愛情的路就是得去適應它，挺身向前邁進。

找到方式變得勇敢、感受到安全和安定的愛情，這不可能同時發生在任何人身上。這會根據你設定的目標方向，隨著你每天內心抉擇前進而滋養成功，懂得示弱則是一個你做出的選擇之一，也是你要做的練習，這關乎你如何應對無法避免的模糊性。脆弱才是能讓最終經驗更有意義、有目的的關鍵。

戀愛時，讓我們感受到脆弱的其中一個支撐點，就是我們不夠好或是不值得擁有。你一定要把這種念頭屏除在外，每日重複練習告訴自己夠好、自己值得。不論證據有多微小，你一定要去尋找它，因為這是真實的。我們經常會反其道而行，而這其實對於我們人類的精神、靈魂根本幫不上忙。

對於任何沒有權利的人，你不需要為他們示弱，這是在兩人（不論是戀愛或純友誼的對象）感情基礎緩慢建立起來時自然發生的。開始建立起安全感和信任時，就會有脆弱隨之而來。

在爭吵中尋找意義

如果你尋求的有意義感情連接一直充斥爭吵，那也能從中尋找意義和教訓獲得幫助。把痛苦當成個人成長的祕密邀請函，你比自己所想的還要堅強，你已經走到這一步了，現在就開始探索痛苦的重要性。

以下是幾個幫助自己探索爭吵意義的問題：

◆關於自我、生活或需要做的改變，這個經驗教導了我什麼？
◆這經驗有任何正向層面嗎？
◆對於逆境的反應，這經驗告訴了我什麼？
◆從這經驗中有任何新機會出現嗎？
◆這經驗是否讓我更堅強？
◆這經驗是否展露出我需要加強的缺點？
◆這經驗是否幫我與身邊有類似情況的人有所連結？
◆這經驗是否讓我對於生活（或其他部分）的觀感變得更好？

沒有人能從痛苦甚至悲劇性的人生事件中豁免。有些更重大的改變或是關於你如何生活的揭示，會從這些經驗中顯示出來。你不需要對這個經歷有所感謝或感到虧欠，但你可能會感念從中找到的意義和教訓。不管是要讓這個經驗削弱你或使你更強大，都是個人選擇。

最後的思考

尋找真愛——平和安定的愛，是你人生中最棒、最有收穫的經驗之一。可是我們多數人都不了解如何去尋找，或更糟的是讓我們在搜索真愛的過程中，持續困在反覆、痛苦的模式裡。我們發現自己戀愛時，我們會盡力地想要更好、有所改變，或是用不同的方式進行。但是我們通常不知道為什麼會、怎麼會如此重蹈覆轍。我們就像無頭蒼蠅一樣，漫無目的的尋找解決之道。

每個人不見得都有相同的愛的能力，或是渴望愛與親密感。我們對於愛情的期望和幻想，可能讓我們一直相信，我們所有人尋找的都是一樣的。在你對於愛、親密感、親近和連結的需求面臨恐懼、距離感、疏離和連結中斷時，麻煩就出現了。尋找和你有類似愛情觀感（且對於呼應愛有類似行為）的人，可以讓愛情開花結果的可能性最大化。

尋找真愛的過程是會犯錯的。愛情不僅與完美有距離，更不是所有麻煩的解藥。即便你已經找到「對的人」，你還是會有一波未平一波又起的時候，在探索這條路上總會碰到絆腳的石頭。這也是你之所以要謹慎選擇對象的原因，你要找一個碰到困難時不會退縮或崩潰的人，如果你已經對這個人賦予承諾時更是如此。

愛情需要脆弱、冒風險，還要能耐受不確定性。你選擇去愛的人（以及選擇愛你的人）一定要是在有情感需求時能向他伸手的人。你一定要知道自己的需求是什麼，如何尋求來滿足。如果你很早就獲得你的需求不重要的信號，那這是不能接受的。你的需求有正當性，你渴望依賴另一個人是合理的。一直以來就表現出無法呼應你詢問的人，不可能是你的人生伴侶，如果你都是單方面滿足他的需要，他卻無法做到，那你就不該認為這是正常或沒關係。

如果你經常因為與無法付出情感的人交往而掙扎，我敢自信地說你應該已經找到答案了。我相信你現在知道愛情應該有的樣貌。我期望你不會安定於一個無法愛你、以你值得的方式回應你的人，我要你知道你有選擇，也有能力去思考，並以吸引溫柔、善良且能呼應你的對象的方式去行動。我希望你能用本書提供的所有資訊幫助自己，讓自己能真切的感受、探索能相互依存、讓你們彼此獲得滿足的愛情。

致謝

首先最重要的，我要感謝我的丈夫麥克，他證明了一個人選擇正確的人生伴侶時，雙方之間的感情和羈絆會茁壯成長。我永遠都感念我的兩個女兒，潔米和曼蒂，她們和我的先生在這本書的寫作過程中，一直都是我的啦啦隊。還有我的朋友和家人，在此我就不一一列出，他們都很支持我，真心關心我的作品。我非常感謝自己的人生裡有這麼一群人的陪伴。

本書最早是在我修讀博士課程的媒體心理學時想到的，我的書稿提案是在強納森．瑞奇博士（Dr. Jonathan Rich）的指導下完成，他很早就預料我可能會出頭天！我感謝他的正言相告，以及花這麼多時間閱讀我的提案，給予回饋。他也提供我許多珍貴必要的資源，我才能將提案轉變成真實的一本書。

我要特別感謝 Rudy Agency 公司的經紀人瑪麗安．卡林（MaryAnn Karin），謝謝她的專業，願意把機會用在我和我的書上，謝謝她相信這個計畫並努力為這本書找出版商，讓此書成真。

我也要謝謝 New World Library 的工作人員，以及願意把機會給第一次當作家的我的編輯喬琪亞・休斯（Georgia Hughes）。她的智慧、指導、專業回饋和見解，都是我在書寫本書時的珍貴資產。我也要大力感謝審稿編輯波妮塔・赫德（Bonita Hurd）仔細且有洞悉力的校訂和建議。

這本書從只是個想法到提案出現，再到最後全篇手稿，有許多初稿編輯幫我很多忙。謝謝漢娜・依森（Hannah Eason）、拉夫・希考克（Ralph Hickok）、希拉瑞・庚寧（Hilary Gunning）以及莉絲・塞夫（Liz Seif）幫我把文稿弄得更文雅。我也要謝謝我在 LCSW 的同仁辛娜・賀伊（Cina Hoey），她主動願意閱讀初稿，給我許多寶貴的意見。

我的自由書寫（與如今的作家）生涯如果沒有能放眼全美的工作平台，絕對成功不了，在此我特別感謝 YourTango.com 的資深副總裁梅蘭妮・葛爾曼（Melanie Gorman）和所有工作人員，謝謝你們提供的專業指教和指導。

經過數年學習、從事治療師工作，以及大量閱讀和正規教育下我成了專業治療師，但這一切都是因為受到兩位天賦異稟的醫師啟發、磨鍊和指導下才實現：麥克・巴涅特（Michael Barnett）與珍妮佛・萊夫博士（Dr. Jennifer Leigh）。感謝您們兩位的指導和引導，讓我能在過去數年成為更好的治療師。我也想謝謝我的同仁兼好友潔西卡・瑪千納（Jessica Marchena）與我合作數個研究計畫，我們之間對於伴侶情緒取向治療和其他主題的對談討論惠我良多。

最後，我要對無數信任我，讓我幫助他們治療傷痛、尋找安定愛情的委託人們致上感謝。他們的經驗分享讓我得以鋪陳本書的心理學概念，讓本書真的能協助更多的人。我很榮幸能擔綱他們的治療師，成為他們的「安定型依附類型對象」。

建議參考資源

下面是針對本書討論主題你可能想了解更多而提供的建議資源，這裡列出的資料當然只是一些而已。

◆關於書籍◆

— *癮症與相互依存* —

Beattie, Melody. Codependent No More: How to Stop Controlling Others and Start Caring for Yourself. Center City, MN: Hazelden, 1992.

Mellody, Pia, Andrea Wells Miller, and Keith Miller. Facing Love Addiction: Giving Yourself the Power to Change the Way You Love. San Francisco: Harper, 2003.

Norwood, Robin. Women Who Love Too Much: When You Keep Wishing and Hoping He'll Change. New York: Simon & Schuster, 1986.

— *依附理論* —

Karen, Robert. Becoming Attached: First Relationships and How They Shape Our Capacity to Love. New York: Oxford University Press, 1994.

Lovenheim, Peter. The Attachment Effect: Exploring the Powerful Ways Our Earliest Bond Shapes Our Relationships and Lives. New York: TarcherPerigee, 2018.

— *約會* —

Levine, Amir, and Rachel Heller. Attached: The New Science of Adult Attachment and How It Can Help You Find and Keep Love. New York: Penguin, 2012.

Tatkin, Stan. Wired for Dating: How Understanding Neurobiology and Attachment Style Can Help You Find Your Ideal Mate. Oakland, CA: New Harbinger, 2016.

—情感—

Barrett, Lisa Feldman. How Emotions Are Made: The Secret Life of the Brain. New York: Houghton Mifflin Harcourt, 2017.

Goleman, Daniel. Emotional Intelligence: Why It Can Matter More Than IQ. New York: Bantam, 2006.

—家庭失能—

Black, Claudia. It Will Never Happen to Me: Growing Up with Addiction as Youngsters, Adolescents, Adults. Center City, MN: Hazelden, 2002.

Forward, Susan, and Craig Buck. Toxic Parents: Overcoming Their Hurtful Legacy and Reclaiming Your Life. New York: Bantam, 2001. Love

Fisher, Helen. Why We Love: The Nature and Chemistry of Romantic Love. New York: Henry Holt, 2004.

Johnson, Sue. Love Sense: The Revolutionary New Science of Romantic Relationships. New York: Little, Brown, 2013.

—戀愛關係—

Johnson, Sue. Hold Me Tight: Seven Conversations for a Lifetime of Love. New York: Little, Brown, 2008.

Tatkin, Stan. Wired for Love: How Understanding Your Partner's Brain and

Attachment Style Can Help You Defuse Conflict and Build a Secure Relationship. Oakland, CA: New Harbinger, 2012.

— 脆弱 —

Brown, Brené. Daring Greatly: How the Courage to Be Vulnerable Transforms the Way We Live, Love, Parent, and Lead. New York: Penguin, 2015.

◆練習用書◆

Hay, Louise. Love Yourself, Heal Your Life Workbook. Insight Guide. Carlsbad, CA: Hay House, 1990.

Hayes, Steven. Get out of Your Mind & into Your Life: The New Acceptance & Commitment Therapy. Oakland, CA: New Harbinger, 2005.

McKay, Matthew, Patrick Fanning, and Patricia Zurita Ona. Mind and Emotions: A Universal Treatment for Emotional Disorders. Oakland, CA: New Harbinger, 2011.

McKay, Matthew, Jeffrey Wood, and Jeffrey Brantley. The Dialectical Behavior Therapy Skills Workbook: Practical DBT Exercises for Learning Mindfulness, Interpersonal Effectiveness, Emotion Regulation and Distress Tolerance. Oakland, CA: New Harbinger, 2010.

Schirladi, Glenn. The Self-Esteem Workbook. Oakland, CA: New Harbinger, 2016.

Stahl, Bob, and Elisha Goldstein. A Mindfulness-Based Stress Reduction Workbook. Oakland, CA: New Harbinger, 2010.

參考資料

· "24 Ways to Put Your Strengths to Work." VIA Blog, January 21, 2016. www.viacharacter.org/blog/24-ways-to-put-your-strengths-to-work/.

· "Adverse Childhood Experiences." Substance Abuse and Mental Health Services Administration. Updated September 5, 2017. www.samhsa.gov/capt/practicing-effective-prevention/prevention-behavioral-health/adverse-childhood-experiences.

· Ainsworth, Mary, M. C. Blehar, E. Walters, and S. Wall. Patterns of Attachment: A Psychological Study of the Strange Situation. Hillsdale, NJ: Lawrence Erlbaum Associates, 1978.

· Back, Mitja D., Stefan C. Schmukle, and Boris Egloff. "Why Are Narcissists So Charming at First Sight? Decoding the Narcissism-Popularity Link at Zero Acquaintance." Journal of Personality and Social Psychology 98, no. 1 (2010): 132. https://doi.org/10.1037/a0016338.

· Badenoch, Bonnie. Being a Brain-Wise Therapist: A Practical Guide to Interpersonal Neurobiology. Norton Series on Interpersonal Neurobiology. New York: W. W. Norton, 2008.

· Barbash, Elyssa. "Different Types of Trauma: Small 't' versus Large 'T.' " Psychology Today (blog), March 13, 2017. www.psychologytoday.com/us/blog/trauma-and-hope/201703/different-types-trauma-small-t-versus-large-t.

· Baumeister, Roy F., Karen Dale, and Kristin L. Sommer. "Freudian Defense

Mechanisms and Empirical Findings in Modern Social Psychology: Reaction Formation, Projection, Displacement, Undoing, Isolation, Sublimation, and Denial." Journal of Personality 66, no. 6 (1998): 1081–1124. https://doi.org/10.1111/1467-6494.00043.

· Bowlby, John. Attachment and Loss. New York: Basic Books, 1969.

· Brown, Brené. Daring Greatly: How the Courage to Be Vulnerable Transforms the Way We Live, Love, Parent, and Lead. New York: Penguin, 2015.

· Brubacher, Lorrie. "Emotionally Focused Individual Therapy: An Attachment-Based Experiential/Systemic Perspective." Person-Centered & Experiential Psychotherapies 16, no. 1 (2017): 50–67. http://dx.doi.org /10.1080/14779757.2017.1297250.

——. Stepping into Emotionally Focused Couple Therapy: Key Ingredients of Change. London: Karnac Books, 2018.

· Cheskeski, Laura. "Take the ACE Quiz — and Learn What It Does and Doesn't Mean." NPR. March 2, 2015. www.npr.org/sections/healthshots/ 2015/03/02/387007941/take-the-ace-quiz-and-learn-what-it -does-and-doesnt-mean/.

· Clark, Josh. "What Are Emotions and Why Do We Have Them?" How Stuff Works, September 13, 2010. https://science.howstuffworks.com/ life/what-are-emotions.htm/.

· Collins, Bryn. Emotional Unavailability: Recognizing It, Understanding It, and Avoiding Its Trap. New York: McGraw-Hill Professional, 1998.

· "The Complete Guide to Goal-Setting." Life Coach Spotter, n.d. www .lifecoachspotter.com/goal-setting/.

· Courtois, Christine A., and Julian D. Ford. Treatment of Complex Trauma: A Sequenced, Relationship-Based Approach. New York: Guilford, 2012.

· DePompo, Paul, and Misa Butsuhara. "The 'Other' Side of Infidelity: The Experience of the 'Other' Partner, Anxious Love, and Implications for Practitioners." Psychological Thought 9, no. 1 (2016): 41–57. https://psyct.psychopen.eu/article/view/167/html.

——. The Other Woman's Affair: Gambling Your Heart and Reclaiming Your Life When Your Partner Is Married. Newport Beach, CA: CBTI of Southern California, 2016.

· Diamond, Stephen A. "Essential Secrets of Psychotherapy: Repetitive Relationship Patterns." Psychology Today (blog), January 14, 2008. www.psychologytoday.com/us/blog/evil-deeds/200806/essential -secrets-psychotherapy-repetitive-relationship-patterns/.

· Feuerman, Marni. "A 5-Step Plan to Stop Being the Mistress and Finally Walk Away from an Affair." Your Tango (blog), February 9, 2018. www.yourtango.com/experts/marni-feuerman/how-fall-out-love -married-man.

——. "4 Brutal Truths about Why You Fall for Guys Who Don't Love You Back." Your Tango (blog), March 31, 2016. www.yourtango.com/experts /marni-feuerman/reasons-you-are-drawn-someone-who-wont-love -you-back/.

——. "The Science of Love 101." Your Tango (blog), November 8, 2014/. www.yourtango.com/experts/marni-feuerman/science-love-101/.

——. "21 Signs You're in an Emotionally Abusive Relationship." Your Tango (blog), January 25, 2016. www.yourtango.com/experts/marni-feuerman/signs-abusive-relationship/.

—— "What Is Insecure Attachment Style?" Verywell Mind. Updated January 25, 2018. www.verywellmind.com/marriage-insecure-attachment-style-2303303/.

——. "Your Attachment Style Influences the Success of Your Relationship." Gottman Relationship Blog. Gottman Institute. February 24, 2017. www.gottman.com/blog/attachment-style-influences-success-relationship/.

· Fishbane, Mona DeKoven. Loving with the Brain in Mind: Neurobiology and Couple Therapy. Norton Series on Interpersonal Neurobiology. New York: W. W. Norton, 2013.

· Fisher, Helen. Why We Love: The Nature and Chemistry of Romantic Love. New York: Henry Holt, 2004.

· Fitzgerald, MacLean. "Fear Conditioning: How Your Brain Learns about Danger." Brain Connection. August 26, 2005. https://brainconnection.brainhq.com/2005/08/26/fear-conditioning-how-the-brain-learns-about-danger/.

· Freedman, Gili, Darcey N. Powell, Benjamin Le, and Kipling D. Williams. "Ghosting and Destiny: Implicit Theories of Relationships Predict

Beliefs about Ghosting." Journal of Social and Personal Relationships (January 12, 2018). https://doi.org/10.1177/0265407517748791.

· Goldsmith, Barton. "Understanding Emotion Is Important to Your Relationship." Psychology Today (blog), April 5, 2016. www.psychologytoday.com/us/blog/emotional-fitness/201604/understanding-emotions-is-important-your-relationship/.

· Gottman, John. "The 3 Phases of Love." Gottman Relationship Blog. Gottman Institute. November 19, 2014. www.gottman.com/blog/the-3-phases-of-love/.

· Gottman, John, and Nan Silver. The Seven Principles for Making Marriage Work: A Practical Guide from the Country's Foremost Relationship Expert. New York: Harmony Books, 2015.

· "Group Therapy." GoodTherapy. Updated February 5, 2018. www.goodtherapy.org/learn-about-therapy/modes/group-therapy/.

· Johnson, Sue. Hold Me Tight: Seven Conversations for a Lifetime of Love. New York: Little, Brown, 2008.

——. Love Sense: The Revolutionary New Science of Romantic Relationships. New York: Little, Brown, 2013.

· Johnson, Susan M. The Practice of Emotionally Focused Couple Therapy: Creating Connection. New York: Routledge, 2012.

· Karen, Robert. Becoming Attached: First Relationships and How They Shape Our Capacity to Love. New York: Oxford University Press, 1994.

· Langeslag, Sandra, and Michelle Sanchez. “Down-Regulation of Love Feelings after a Romantic Break-Up: Self-Report and Electrophysiological Data.” Journal of Experimental Psychology 147, no. 5 (2017): 720–733. www.ncbi.nlm.nih.gov/pubmed/28857575.

· Levine, Amir, and Rachel Heller. Attached: The New Science of Adult Attachment and How It Can Help You Find — and Keep — Love. New York: Penguin, 2012.

· Lipton, B., and D. Fosha. “Attachment as a Transformative Process in AEDP: Operationalizing the Intersection of Attachment Theory and Affective Neuroscience.” Journal of Psychotherapy Integration 21, no. 3 (2011): 253. http://psycnet.apa.org/doi/10.1037/a0025421.

· Lovenheim, Peter. The Attachment Effect: Exploring the Powerful Ways Our Earliest Bond Shapes Our Relationships and Lives. New York: TarcherPerigee, 2018.

· Martin, Sharon. “Stop Trying to Change People Who Don't Want to Change.” Happily Imperfect (blog). Updated April 22, 2018. https://blogs.psychcentral.com/imperfect/2018/04/stop-trying-to-change-people-who-dont-want-to-change/.

· McKay, Matthew, Jeffrey Wood, and Jeffrey Brantley. The Dialectical Behavior Therapy Skills Workbook: Practical DBT Exercises for Learning Mindfulness, Interpersonal Effectiveness, Emotion Regulation and Distress Tolerance. Oakland, CA: New Harbinger, 2010.

· McLeod, Saul. “Cognitive Behavioral Therapy.” SimplyPsychology. Updated 2015. www.simplypsychology.org/cognitive-therapy.html/.

· Mikulincer, Mario, and Phillip R. Shaver. Attachment in Adulthood: Structure, Dynamics, and Change. New York: Guilford, 2007.

· Minuchin, Salvador. Families and Family Therapy. Cambridge, MA: Harvard University Press, 1974.

· Mizrahi, Moran, Gilad Hirschberger, Mario Mikulincer, Ohad Szepsenwol, and Gurit E. Birnbaum. "Reassuring Sex: Can Sexual Desire and Intimacy Reduce Relationship-Specific Attachment Insecurities?" European Journal of Social Psychology 46, no. 4 (2016): 467–480. http://dx.doi.org/10.1002/ejsp.2184.

· Muller, Robert. "Love's End: Attachment and the Dissolution of a Relationship." Psychology Today (blog), February 7, 2014. www.psychology today.com/us/blog/talking-about-trauma/201402/loves-end-attachment-and-the-dissolution-relationship/.

· Ni, Preston. "How to Spot and Stop Manipulators." Psychology Today (blog), June 1, 2014. www.psychologytoday.com/us/blog/communication-success/201406/how-spot-and-stop-manipulators/.

· Nichols, Michael P., and Richard C. Schwartz. The Essentials of Family Therapy. Boston: Allyn and Bacon, 2014.

· Norwood, Robin. Women Who Love Too Much: When You Keep Wishing and Hoping He'll Change. New York: Simon & Schuster, 1986.

· Phillips, Lisa A. Unrequited: The Thinking Woman's Guide to Romantic Obsession. New York: HarperCollins, 2015.

· Porges, Stephen. The Polyvagal Theory: Neurophysiological Foundations of Emotions, Attachment, Communication, and Self-Regulation. New York: Norton, 2011.

· Porterfield, Traci. “9 Do's and Don'ts of Mindful Dating.” Chopra Center. Accessed May 9, 2018. https://chopra.com/articles/9-dos-and-donts-of-mindful-dating/.

· Reeve, Johnmarshall. Understanding Motivation and Emotion. Hoboken, NJ: John Wiley & Sons, 2015.

· Roberts, Laura Morgan, Gretchen Spreitzer, Jane E. Dutton, Robert E. Quinn, Emily Heaphy, and Brianna Barker. “How to Play to Your Strengths.” Harvard Business Review, January 2005. https://hbr.org/2005/01/how-to-play-to-your-strengths/.

· Robinson, Lawrence, Melinda Smith, and Jeanne Segal. “Emotional and Psychological Trauma.” HelpGuide. Updated January 2018. www.helpguide.org/articles/ptsd-trauma/coping-with-emotional-and-psychological-trauma.htm/.

· Schwarz, Robert. Tools for Transforming Trauma. New York: Routledge, 2013.

· Seligman, Martin E. P. Learned Optimism: How to Change Your Mind and Your Life. New York: Vintage, 2006.

· Stolorow, Robert D. “A Non-pathologizing Approach to Emotional Trauma.” Psychology Today (blog), December 19, 2014. www.psychologytoday.com/us/blog/feeling-relating-existing/201412/non-pathologizing-approach-emotional-trauma/.

· Subotnik, Rona B. Will He Really Leave Her for Me?: Understanding Your Situation, Making Decisions for Your Happiness. New York: Simon & Schuster, 2005.

· Tatkin, Stan. Wired for Dating: How Understanding Neurobiology and Attachment Style Can Help You Find Your Ideal Mate. Oakland, CA: New Harbinger, 2016.

——. Wired for Love: How Understanding Your Partner's Brain and Attachment Style Can Help You Defuse Conflict and Build a Secure Relationship. Oakland, CA: New Harbinger, 2012.

· Taylor, Steve. "The Power of Purpose." Psychology Today (blog), July 21, 2013. www.psychologytoday.com/us/blog/out-the-darkness/201307 /the-power-purpose/.

· University of Cincinnati Learning Assistance Center. "Setting Goals for Yourself, and Motivating Yourself to Succeed." University of Cincinnati. https://ferris.edu/HTMLS/colleges/university/eccc/pdf/setting goals.pdf/.

· Wallach, Suzanne M. "Insecure Attachment Style and Romantic Partner Selection in Women with Emotionally Unavailable Fathers." PhD diss., Chicago School of Professional Psychology, 2014. https://search .proquest.com/openview/c1760a05536850dd3ee7d63dced6b093/.

· Walter, Ili. "Family of Origin Exploration for the Therapist: Family Rules and Structure." Family Therapy Basics (blog), January 31, 2017. http://familytherapybasics.com/blog/2017/1/31/family-of-origin -exploration-for-the-therapist-family-rules-and-structure/.

——. "Family of Origin Exploration for the Therapist: 3 Steps for How to Begin." Family Therapy Basics (blog), November 1, 2016. http://familytherapybasics.com/blog/2016/10/31/family-of-origin-exploration-for-the-therapist-3-steps-for-how-to-begin/.

· Wakin, Albert, and Duyen B. Vo. "Love-Variant: The Wakin-Vo IDR Model of Limerence." 2008. http://citeseerx.ist.psu.edu/viewdoc/download?doi=10.1.1.729.1932&rep=rep1&type=pdf.

· Whitbourne, Susan Krauss. "The Lure of the Unpredictable Lover." Psychology Today (blog), November 13, 2012. www.psychologytoday.com/us/blog/fulfillment-any-age/201211/the-lure-the-unpredictable-lover.

國家圖書館出版品預行編目資料

別再用我對你的愛，傷害我：啟動 Mr.Right 雷達，兩性博士帶你好好談一場戀愛 / 瑪倪．費爾曼 (Marni Feuerman)；游卉庭翻譯．-- 臺北市：三采文化股份有限公司，2021.09
面；　公分．-- (Mind map；227)
譯自：Ghosted and breadcrumbed：Stop falling for unavailable men and get smart about healthy relationships
ISBN 978-957-658-578-4(平裝)

544.37　　110008473

@封面圖片提供：
adehoidar / Shutterstock.com

suncolor 三采文化集團

Mind Map 227

別再用我對你的愛，傷害我：

啟動 Mr.Right 雷達，兩性博士帶你好好談一場戀愛

作者｜瑪倪．費爾曼博士（Marni Feuerman）　譯者｜游卉庭
副總編輯｜王曉雯　主編｜鄭雅芳
美術主編｜藍秀婷　封面設計｜池婉珊　內頁排版｜郭麗瑜
版權主任｜杜曉涵　校對｜聞若婷

發行人｜張輝明　總編輯｜曾雅青　發行所｜三采文化股份有限公司
地址｜台北市內湖區瑞光路 513 巷 33 號 8 樓
傳訊｜TEL:8797-1234　FAX:8797-1688　網址｜www.suncolor.com.tw
郵政劃撥｜帳號：14319060　戶名：三采文化股份有限公司
本版發行｜2021 年 9 月 10 日　定價｜NT$360